에이미 카마이클

당신이 하나님을 더 깊이 알아 가고 더 널리 알리는 사람이 되는 것, 이 책에 담겨진 예수전도단의 마음입니다. 말씀을 통해 저자가 깨닫고, 원고를 통해 저희가 누릴 수 있었던 그 감동이 책을 통해 당신에게도 전해지기 원합니다. 그리고 당신을 통해 그 기쁨과 은혜가 더 많은 이들에게 계속해서 흘러가기를 기도하겠습니다. 이 책을 통해 당신이 받은 은혜를 다른 분들에게도 나눠주십시오. 사랑하고 축복합니다.

Copyright © 1999 by Janet and Geoff Benge
Originally published in English under the title
Christian Heroes: Amy Carmichael
published by YWAM Publishing
P. O. Box 55787, Seattle, WA 98155, USA
All Rights Reserved.

Korean Copyright © 2003, 2012 by YWAM Publishing Korea

본 저작물의 한국어판 저작권은 도서출판 예수전도단에 있습니다.
저작권법에 의해 보호받는 저작물이므로 무단 전재와 복제를 금합니다.

어린 힌두 보석들의 구출자

에이미 카마이클

자넷 & 제프 벤지 지음 | 안정임 옮김

믿음의 영웅들 시리즈 03

예수전도단

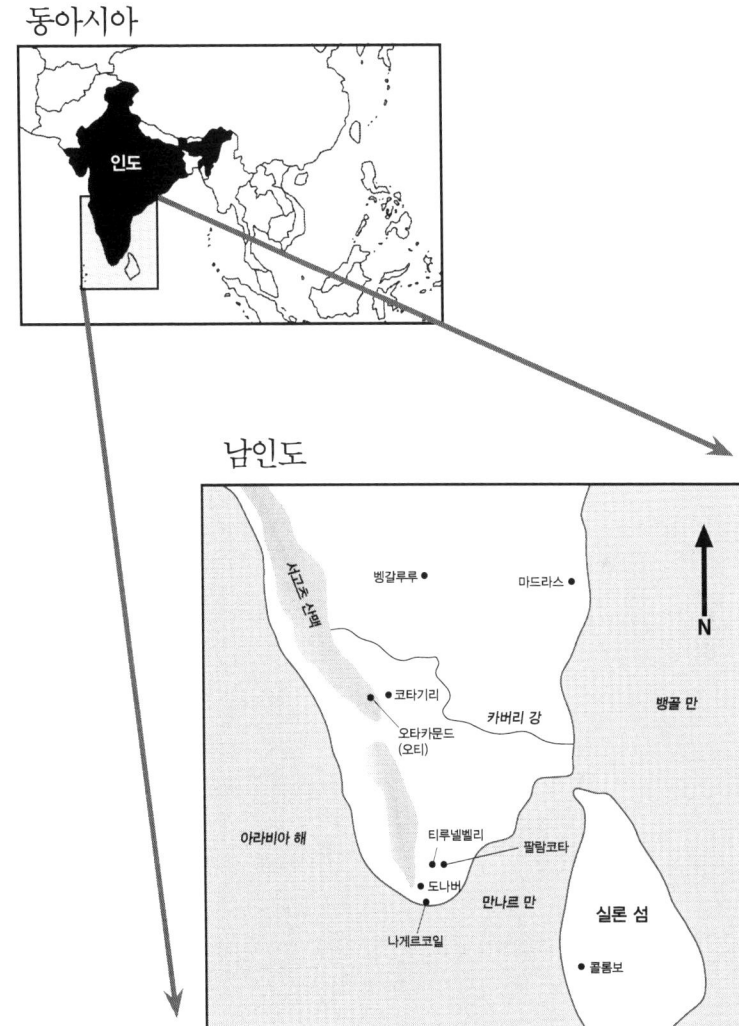

Contents

한국어판 편집자 서문

1. 폭풍우를 뚫고서 ……………………………… 13

하루 속히 배가 항구에 정박할 수 있기를 간절히 염원하는 눈빛으로 시모노세키 항쪽을 바라보는 순간, 폭풍우가 몰아치는 바다에서 생각지도 못한 광경이 벌어졌다.

2. 다락방의 검은 그림자 ……………………………… 19

에이미는 순간 등골이 오싹해졌다. 한쪽에 쌓여 있는 낡은 가구와 책더미들이 드리우는 그림자 외에 이상한 형상의 그림자가 눈앞에 어른거렸다.

3. 분수대에서 들려온 소리 ……………………………… 33

분수대를 바라보며 걷던 에이미가 문득 발걸음을 멈추었다. 누군가 속삭이는 소리가 들렸기 때문이다.

4. 양철 성막 ……………………………… 47

에이미는 그 사람을 찾아가서 건물에 대한 계획을 얘기하고는, 건물을 짓기 위해 그의 땅이 필요하다고 말했다. 그가 땅 가격을 말했을 때 하마터면 에이미는 큰 소리로 웃을 뻔했다.

Amy Carmichael

5. 빈민촌에서 대저택으로 ……… 59

매일 아침 눈을 뜨면 벽난로에서 따스한 불길이 피어올랐다. 그리고 밤에는 푹신한 깃털이불을 덮고 편안하게 잤다.

6. 빗물인지 눈물인지 ……… 73

세찬 바람이 윙윙대며 에이미의 귓전을 스쳤다. 에이미가 힘껏 소리를 질러도 킥킥대며 웃는 소리뿐 아무런 응답이 없었다. 에이미도 슬그머니 웃음이 나왔다. 나중에는 눈물이 나올 정도로 배를 잡고 웃었다.

7. 비장한 결심 ……… 87

그 여인의 집을 나와서 벅스톤 씨의 집 문 앞에 다다른 에이미의 표정은 왠지 비장해 보였다. 방금 중대 결심을 내렸기 때문이다.

8. 빨리 일본을 떠나라 ……… 103

병을 핑계 삼아 선교 후원금으로 아시아를 여행하고 돌아다니는 사람으로 생각하지 않을까? 평생 이렇게 이곳저곳 떠돌아다니며 살아야 하는 건가?

9. 물 떠난 고기처럼 ……… 113

물 떠난 고기는 오래 숨 쉴 수가 없는 법이다. 에이미를 다시 물 만난 고기로 되돌리기 위해 어떤 일이, 그것도 에이미의 숨이 넘어가기 전에 속히 일어나야만 했다.

Contents

10. 인도인 되기 ... 129

"선교기지에서 썩느니 차라리 인도 가정에서 죽고 싶어요." 에이미도 지지 않고 맞섰다. "내 말이 그 말이요. 인도 가정에서 살면 죽는다는 거지요."

11. 별무리 전도대 ... 145

에이미는 그들을 바라보며 흐뭇한 미소를 지었다. 전통적인 사회의식을 거스르는 행동을 하기란 용기가 없이는 불가능하다. 그러나 이들은 하나님을 사랑하기 때문에 용기를 내어 어려운 결단을 내렸다.

12. 빛 속에 살게 해주세요 ... 161

"하나님, 제발 저를 어둠 속으로 돌려보내지 말아 주세요. 저는 지금 빛 속에 살고 있어요. 이 빛에 계속 머물게 해주세요!"

13. 아이를 잡아 가는 암마 ... 175

프리나는 암마가 자신을 어딘가로 데려가 숨겨 줄 것 같았다. 아이를 잡아 간다는 암마를 찾을 수만 있다면 얼마나 좋을까!

14. 발이 묶이다 ... 185

그때 에이미는 바로 그것이야말로 하나님이 인도에서 자신에게 주신 사명임을 절감했다. 하나님은 아이들을 통해 에이미의 발을 묶으셨지만, 에이미는 그 사실에 만족했다.

15. 어린 보석들 195

신전 창기로 바쳐지는 아이들을 생각할 때마다 몸서리쳐지도록 끔찍하고 안타까웠다. 그러나 달리 뾰족한 방도가 있는 것은 아니었다. 그런 아이들을 대체 무슨 수로 도와준단 말인가?

16. 알 수 없는 기쁨 207

그것은 에이미의 처절한 패배를 알리는 소식이었지만, 어쩐지 에이미는 그렇게 느껴지지가 않았다. 갑자기 알 수 없는 기쁨이 에이미의 마음속 깊은 곳에서 솟구쳐 올랐고, 모든 일이 잘 풀리게 되리라는 예감이 들었다.

17. 여자아이가 아니에요! 225

"너는 나의 첫아들이란다." 에이미는 항상 이렇게 이야기를 시작했고, 그럴 때마다 아들의 작은 가슴은 자부심으로 부풀어 올랐다.

18. 암마 237

일본 아리마의 동굴에서 기도할 때 받았던 하나님의 말씀이 결코 거짓되지 않았음이 지난 50년 동안의 삶을 통해 증명되었다. 에이미는 수백 명 아이의 어머니였고, 수많은 사람의 친구였다.

에이미 카마이클의 생애와 연혁

한국어판 편집자 서문

이 시대에는 '영웅'이 아닌 '스타'가 넘쳐 난다. 인격이나 성품, 그리고 삶에서 본받을 만한 요소와는 관계없이 사람들의 이목을 끌어당길 만한 요소가 있으면 누구나 스타가 된다. 그리고 많은 청소년이 스타의 말과 행동, 스타일을 맹목적으로 섬기고 따라 한다.

이것이 현 세대의 자화상이라는 사실을 감안하면, 세상 가치에 따라 부여된 인기를 누리는 스타가 아닌 자신의 삶을 하나님께 온전히 내어 드려 크게 쓰임 받은 믿음의 영웅들을 만날 필요가 어느 때보다도 절실함을 깨닫게 된다.

예수전도단에서 꾸준히 출간하고 있는 〈믿음의 영웅들〉 시리즈는 하나님께 쓰임 받은 믿음의 선배들이 그분의 부르심을 어떻게 발견하고, 믿음의 길을 선택했는지 보여 준다. 그들은 충분히 자신의 유익을 추구하며 편안하게 살 수도 있었지만, 자신의 삶을 온전히 하나님께 바치며 그분이 초청하시는 더 넓고 깊은 삶을 향해 나아갔다. 그들이 경험한 믿음의 모험을 이 시대 청소년들이 〈믿음의 영웅들〉 시리즈를 통해 직접 보고 느끼기를 소망한다. 또한 그들의 헌신적인 삶이 많은 청소년에게 하나님의 부르심에 응답하는 삶의 가치와 특권을 깨닫게 하는 데 귀감이 되기를 바란다.

이번에 소개하는 에이미 카마이클은 19-20세기에 활동한 아일랜드 출신의 인도 선교사다. 에이미는 불쌍한 인도 아이들을 받아들여 기독교 정신에 따라 양육하는 도나버 공동체의 설립자이자 수많은 선교 서적을 쓴 저술가로, '영국에 조지 뮬러가 있다면, 인도에는 에이미 카마이클이 있다'라고 할 만큼 잘 알려진 인물이다.

에이미는 어떠한 상황에서든 하나님이 기뻐하시는 것만 선택하는 담대한 믿음의 사람이었다. 이 책을 읽는 그리스도인들도 에이미 카마이클처럼 상황과 환경, 주변의 반응을 뛰어넘어 하나님의 길을 선택하는 믿음의 영웅으로 세워지기를 간절히 소망한다.

Chapter 1

폭풍우를 뚫고서

 태산 같은 파도가 '요코하마 마루' 호의 뱃머리를 덮쳤다. 물결이 산산이 부서지면서 갑판 위의 물건들을 갈퀴처럼 휩쓸고 지나갔다. 그러나 배에 타고 있던 사람들은 어느 누구도 파도에 눈길조차 주지 않았다. 그들의 얼굴은 모두 지치고 공포에 질려 있었다. 갑판 밑 선실에 있다가 배가 요동할 때마다 굴러떨어지던 사람들은, 이제 아예 갑판 위로 올라와서 담화실에 웅크리고 앉아 있었다. 여기저기에서 토하는 소리가 들려왔고, 역겨운 냄새가 사방에 가득했다.
 한쪽 귀퉁이에는 에이미 카마이클이라는 아일랜드 아가씨

가 초췌한 모습으로 앉아 있었다. 난생처음 지독한 뱃멀미에 시달린 탓인지 에이미의 가녀린 몸은 지칠 대로 지쳐 있었다. 출항한 지 이제 겨우 나흘밖에 되지 않았건만, 에이미는 마치 4년이 훨씬 지난 것 같다고 생각했다. 상하이에서 떠나올 때만 해도 항해는 순조로웠다. 그러나 황해를 절반쯤 지났을 때부터 배가 태풍에 휘말려 속절없이 밀려다녔다. 에이미의 소망은 어서 빨리 단단한 땅을 밟는 것뿐이었다.

이제 더는 견디지 못하겠다고 울상을 짓는 순간, 방수복을 입은 선장이 흔들리는 갑판 위를 비틀대며 걸어오는 것이 보였다. 선장은 앉아 있는 선객들에게 딱딱 끊어지는 듯한 일본어로 뭐라고 얘기하더니 에이미를 바라보았다. 그러고는 서투른 영어로 반가운 소식을 알려 주었다. '요코하마 마루'호가 그들의 목적지인 시모노세키 항 근처에 거의 다다랐다는 것이다. 에이미는 안도의 한숨을 내쉬었다. 그러나 바람과 파도가 너무 심해 더는 항구 가까이 나아갈 수 없고, 일단은 태풍이 지나갈 때까지 기다려야 한다고 했다.

선장이 가고 나자 에이미는 옆에 놓인 물통에 얼굴을 대고 토하기 시작했다. 도대체 얼마나 더 기다려야 폭풍이 잦아들 것인가? 이제는 몸을 가눌 수 없을 정도로 기력이 없었다. 가만히 앉아서 뱃멀미에 시달리는 것에도 진저리가 났다. 에이미는 '차라리 일어나서 몇 걸음 걸어 보면, 울렁이는 속이 좀 진정되지 않을까?' 하고 생각했다. 전에도 몇 차례 시도해 본 터라 별 소용이 없다는 것쯤은 이미 알고 있었지만, 그래도 담화실 안의 매스꺼운 냄새에서 벗어나고 싶었다. 에이미는 어깨에 숄을 걸치고 천천히 몸을 일으켰다. 비틀거리는 걸음으로 담화실 문을 열고 갑판 위로 나와 숨을 깊이 들이마셨다. 에이미는 쓰러지지 않으려고 배의 난간을 두 손으로 꽉 붙들었다. 발목까지 차오른 바닷물이 차가웠고, 파도가 부서지면서 생긴 물방울이 사정없이 얼굴로 튀어 올랐다. 에이미는 하루 속히 속히 폭풍우가 잦아들어 배가 항구에 정박할 수 있기를 간절히 염원하는 눈빛으로 시모노세키 항 쪽을 바라보았다.

그 순간, 폭풍우가 몰아치는 바다에서 생각지도 못한 광경이 벌어졌다. 증기 예인선 한 척이 쏟아지는 폭우와 파도를 뚫고서, 에이미가 탄 배 가까이 다가오는 것이었다. 요코하마 마루 호 우현의 6미터 전방까지 다다른 예인선이 솟구치는 파도를 따라 위아래로 오르내렸다. 예인선을 목격한 선원 한 명이 선장을 향해 뭐라고 소리를 지르자, 요코하마 마루 호의 모든 선원과 선객이 갑판 위로 우르르 몰려나왔다.

요코하마 마루 호 선장과 예인선 선장이 몸짓을 섞어 가며 서로 무언가를 큰 소리로 얘기했다. 당연히 에이미는 단 한마디도 알아들을 수 없었다. 에이미는 아무래도 예인선이 요코하마 마루 호를 부두로 이끌고 가려는 듯하다고 생각했다. 그러나 계속 보고 있으니, 부두로 예인해 가는 게 아니라 선객들을 예인선으로 옮겨 태워서 데려가려는 의도인 듯했다.

선원들이 배 우현에 기중기를 내리고 밧줄을 연결했다. 그러고는 선객 중 한 남자의 몸에 밧줄을 동여맨 후에 그를 기중기로 들어 올렸다. 에이미는 겁에 질린 얼굴로 그 광경을 바라보았다. 항구에 빨리 닿고 싶은 마음이야 간절했지만, 눈앞에 펼쳐진 장면은 정말 온몸이 오싹했다. 기중기가 예인선 쪽으로 천천히 움직였다. 기중기에 대롱대롱 매달린 남자가 겁먹은 얼굴로 출렁거리는 바닷물을 내려다보는 사이, 기중기는 예인선 위에 남자를 내려놓았다. 예인선에 있던 사람들은 흔들리며 내려오는 남자의 몸을 잽싸게 붙들어 고정시키고는 그의 몸에 묶인 밧줄을 풀어 주었다. 그러자 또 다른 사람을 옮겨 놓기 위해 기중기가 다시 요코하마 마루 호 쪽으로 돌아왔다.

한 사람씩 차례로 모든 선객이 기중기에 의해 예인선으로 옮겨졌다. 이제 남은 사람은 에이미뿐이었다. 머뭇머뭇하며 밧줄에 몸을 동여매자 선원이 밧줄을 끌어올림과 동시에 에이미의 몸이 공중에 대롱대롱 매달리고 말았다. 기중기가 천천히 움직이는 동안 폭우와 바람 속에서 에이미의 몸이 시계추처럼 흔들거렸다. 에이미는 성난 듯 포효하는 바다 물결을 내려다보았다. 파도에서 뿜어져 나오는 물거품과 빗물이 에이미의 옷을 사정없이 적셨다. 예인선 뱃고물 쪽에 이르자 기중기가 천천히 에이미를 아래로 내려놓았다. 예인선 선원들이 에이미를 붙잡아 고정시키고 밧줄을 풀어 주었다. 에이미는 얼른 선객들이 모여 있는 곳으로 가서 섰다.

모든 선객이 예인선으로 옮겨 타자 이번에는 그들의 짐들이 옮겨졌다. 양쪽 배의 선장들이 큰 소리로 몇 마디 주고받은 후에 증기 예인선이 요란한 경적 소리를 내며 요코하마 마루 호에서 멀어졌다.

그러나 예인선의 항해는 요코하마 마루 호보다 더 손에 땀을 쥐게 했다. 에이미는 그 어느 때보다 더 간절히 기도했다. 작은 예인선은 폭풍우가 몰아치는 바다를 뚫고 나가지 못하고, 태산 같은 파도를 따라 그저 오르내릴 뿐이었다. 배는 위로 치솟았다가 앞으로 고꾸라지듯 내려오거나 옆으로 비스듬히 내려왔다. 마치 금방이라도 배가 뒤집힐 것 같았다. 한동안 아슬아슬한 곡예 같은 항해를 하고 난 후 마침내 어렴풋하게나마 일본 해안의 모습이 눈에 들어오자, 배에 타고 있던 사람들이 일제히 환호성을 질렀다.

얼마 후 에이미가 단단한 땅을 밟고 섰다. 모자를 적신 빗물이 에이미의 면치마 위로 주르륵 흘러내렸다. 에이미는 숨을 깊이 들이마신 뒤 천천히 내쉬었다. 며칠 동안 울렁이던 속이 비로소 진정되는 것 같았다. 지구의 반을 돌아 드디어 일본 땅에 도착했다! 그동안 에이미가 겪은 고생과 위험은 이루 말할 수 없었다. 그러나 그러한 모험이 에이미 카마이클에게는 전혀 낯설지 않았다. 에이미는 자신이 원하는 것을 얻기 위해서라면 어떤 모험이든 기꺼이 감수하는 사람이었기 때문이다.

Chapter 2

다락방의 검은 그림자

"에이미 카마이클! 지금 내 말 듣고 있는 거니?"

선생님의 목소리에 에이미가 천천히 고개를 들었다. 그러고는 지금 선생님이 가르치고 있는 삼각법에 정신을 집중하려 애썼다. 그때까지 에이미는 전혀 딴생각에 골몰해 있었다. 수학보다 더 중요한 문제가 에이미의 머릿속을 온통 채우고 있었기 때문이다.

때는 1882년 9월 12일, 생애에 한 번 올까 말까 한 역사적인 날을 그냥 지나칠 에이미가 아니었다. 어느 날 천문학 선생님은 '아름다운 9월의 혜성'에 대해 이야기해 주셨다. 말버러 기숙사 여학생들이 일찍 잠자리에 들어야 한다는 사실을 알면서도 말이다. 이 얼마나 잔인한 일인가!

혜성이 나타나는 그날만큼은 어떻게 해서든 밤 9시의 취침 규정을 조정해 보려고 에이미는 모든 수단을 생각했다. 심지어 케이 여교장까지 찾아가서 애원하기도 했었다. 그러나 혜성이 오건 말건 케이 교장은 학교 규칙에 관한 한 일말의 타협도 하려 들지 않았다.

에이미가 케이 교장을 찾아간 것은 스스로 자원해서라기보다는 언제나 그러하듯, 대다수 여학생의 지지에 힘입어 적임자로 뽑혔기 때문이다. 에이미의 나이는 열네 살이었고, 학교에는 더 나이 든 여학생들도 많았지만 언제나 대표로 나서는 것은 에이미였다. 에이미에게는 보통 아이들에게서 볼 수 없는 특출한 용기가 있었다. 교장실 문을 들어섰을 때도, 망설이는 기색을 조금도 찾아볼 수 없었다. 에이미는 혜성을 보기 위해 취침 시간을 조금 늦추는 것이 현명한 조치라며 간청했고, 케이 교장은 단호히 반대했다. 교장실을 나올 때에도 에이미는 머리를 꼿꼿이 쳐들고 자신 있는 표정 그대로였다. 모든 여학생이 자신을 철석같이 신임하고 있는 이상, 이제 에이미는 혜성을 보기 위한 다른 방도를 찾아야 했다.

삼각법을 듣고 있는 수업 시간까지 에이미의 생각을 꽉 채우고 있던 것은 바로 그 문제였다. 그때 에이미에게 한 가지 좋은 수가 떠올랐다. '살금살금 다락방으로 기어올라가서, 다락방 창문을 통해 혜성을 관찰한다면 어떨까? 그러면 밖으로 나갈 필요도 없을 것이고, 소리 내지 않고 조용히 걸으면 기숙사 사감님도 눈치채지 못할 거야.' 그것은 분명 기막힌 묘안이었다. 다만 아이들이 잠들지 않고 자정까지 깨어 있게 만들 방법이 있어야 했다. 물론 에이미는 깨어 있을 것이었다. 잠들려고 해도, 혜성을 보고 싶은 마음에 도저히 잠이 들지 못할 것 같았다. 그러나 만약 잠드는 아이가 있다면 깨우기도 어렵고, 무엇보다 그러는 가운데 시끄러운 소리가 나면 큰일이었다.

그날 밤, 에이미는 잠옷으로 갈아입은 여학생들을 조용히 한곳으로 모았다. 긴 밤색 머리를 틀어서 위로 올린 에이미는 그날 오후 케이 교장을 만났던 이야기를 아이들에게 들려주었다. 교장 선생님이 자신들의 의견을 받아들이지 않았다는 얘기에 몇 명의 소녀가 실망의 표정을 지었다. 에이미는 아이들을 놀래 줄 심산으로 잠시 입을 다물었다가, 자수 시간에 몰래 감춰 갖고 온 실 한 뭉치를 꺼내 들었다. "이거 보이지? 이게 바로 오늘의 묘책이야." 에이미는 실뭉치를 손에 들고 자랑스럽게 흔들었다. 아이들은 영문을 모르겠다는 표정으로 빨리 얘기해 달라고 졸랐다.

다시 한 번 뜸을 들인 후에 에이미가 입을 열었다. "너희 모두 이 기다란 실을 한 가닥씩 갖고 있어. 모두 각자 이 실을 엄지발가락에 맬 거야."

아이들 몇 명이 킥킥거리며 웃었다.

에이미가 설명을 계속했다. "엄지발가락에 실을 매고 난 다음에 나에게 와서 실가닥 끝을 주고 나서 침대로 돌아가. 내가 너희의 발가락에 매달린 모든 실을 잡고 있다가, 너희가 잠들지 않도록 이따금 잡아당길 거야. 그러다가 12시를 알리는 시계 소리가 들리면 실을 두 번 잡아당길게. 그것이 우리의 신호야. 전부 침대에서 일어나 조용히 다락방으로 올라가서 다락방 창문을 통해 혜성을 보는 거야. 단, 세 번째 계단을 조심해야 해, 삐걱거리는 소리가 나니까! 알았지?"

아이들은 낄낄거리면서 모두 자신의 엄지발가락에 실을 묶었다. 기숙사 불이 꺼진 후 에이미는 아이들이 잠들지 않도록 가끔씩 실을 잡아당겼다. 마침내 시계가 12시를 알리는 소리가 들리자 에이미는 실을 두 번 잡아당겼다. 아이들이 침대에서 일어나 발가락에 맨 실을 풀었다. 그러고는 조용히 문 앞으로 다가가 한 줄로 섰다. 학교에서는 예배실이나 식당, 그 밖의 어디를 가든 일렬로 섰기 때문에, 약속하지도 않았는데 어느새 모두 한 줄로 늘어선 것이었다. 아이들은 문을 열고 밖으로 나왔다. 어두컴컴한 복도를 살금살금 걸어서 기숙사 사감의 방을 지나자 계단이 나왔다. 아이들은 세 번째 계단을 조심스럽게 건너뛰었다. 마치 물 위를 스치는 유령들처럼 그들은 조용히 다락으로 올라갔다. 에이미가 계단 꼭대기에 있는 커다란 나무 문의 손잡이를 살며시 돌렸다. 그러자 나무 문이 소리 없이 열렸다. 에이미가 아이들에게 안으로 들어가라고 손짓했다. 아이들은 차례차례 안으로 들어가 문을 닫고서 창문 아래 조용히 모여 앉았다.

희미한 달빛이 컴컴한 다락방 안에 스며들고 있었다. 에이미는 순간 등골이 오싹해졌다. 한쪽에 쌓여 있는 낡은 가구와 책더미들이 드리우는 그림자 외에 이상한 형상의 그림자가 눈앞에 어른거렸다. 에이미는 그것의 정체가 무엇인지 보려고 눈을 크게 떴다. 그러자 그 그림자는 차츰 사람의 모습이 되더니, 마침내 모습을 드러낸 것은 케이 교장과 3명의 교사였다!

그때 케이 교장이 초에 불을 붙였다. 촛불에 비친 교장의 얼굴을 보고 몇 명의 소녀가 질겁을 하며 소리를 질렀다. 에이미의 가슴도 철렁 내려앉았다. 케이 교장은 이미 에이미가 주동자라는 사실을 짐작하고 있었다. 사실 말버러 여학교에서 일어나는 짓궂은 장난은 대부분 에이미의 소행이었기 때문이다.

다행히 혜성이 나타날 시간이 거의 다 되었으므로, 케이 교장은 손을 들어 아이들에게 "조용히!"라고만 주의를 시켰다. 에이미와 소녀들은 결국 혜성을 보는 계획에는 성공했지만, 곁에 있는 선생들의 눈치를 보며 안절부절못했다.

혜성이 사라지자 케이 교장이 에이미를 정면으로 바라보며, "내일 아침 식사 시간 이후에 바로 내 사무실로 오도록!" 하고 말했다.

"예, 선생님!" 에이미는 정중하게 대답했다. 아이들은 풀죽은 모습으로 방으로 돌아갔다. 이번에는 세 번째 계단이 삐걱거리는 소리를 내건 말건 아랑곳하지 않고서….

에이미는 그날 밤을 거의 뜬눈으로 지새웠다. 벌을 받는 것은 두렵지 않았다. 하도 여러 번 받아서 이미 익숙한 일이니까. 하지만 불명예스럽게 집으로 보내진다면 정말 큰일이었다. '만약 퇴학 처분을 내리고 아일랜드로 돌려보내면 어떻게 하지? 부모님이 뭐라고 하실까?' 아마 부모님의 실망은 이만저만이 아닐 것이며, 밑에 있는 여섯 동생에게도 본이 되지 못해 창피할 것이다. 에이미가 아일랜드 기질만 타고나지 않았더라도 좋으련만…, 그게 문제였다. 반짝이는 갈색 눈과 풍부한 상상력을 지닌 에이미는 도무지 영국의 딱딱하고 고리타분한 여학교 생활에 적응할 수가 없었다. 마치 어딘가에 갇힌 듯한 느낌이었다. 모든 것이 종소리와 시간표에 따라 이루어졌고, 학교 문을 벗어나지도 못했다. 에이미의 어머니 캐서린 카마이클이 보내 준 국화꽃 상자와 어떤 여학생이 남기고 간 흰 백합마저 없었다면, 에이미는 식물을 볼 기회마저 완전히 잃어버렸을 것이다. 그토록 혜성이 보고 싶은 것도 무리가 아니었다. 만약 에이미가 자신의 아일랜드 집에 있었다면 2층의 아이들 방 창문 앞에서 아일랜드 해변에서 들려오는 파도 소리를 들으며 혜성을 구경했을 것이다.

에이미는 매일 바라보던 바다와 은빛으로 반짝이던 해변이 몹시도 그리웠다. 집에 두고 온 애완동물도 보고 싶었다. 기숙사 학교의 동물이라고는, 쳐다보기만 해도 할퀴려고 달려드는 성질 고약한 수고양이 한 마리가 전부였다. 그러나 집에는 '길도'라는 이름의 개와 '데이지'라는 이름의 고양이, 그리고 '화니'와 '찰리'라고 이름 붙인 두 마리의 망아지가 있었다. 노란색과 흰색 털이 섞인 데이지가 주방 창문에 달린 선반 위에서 몸을 길게 늘여 기지개를 켜고, 길도는 현관문 앞에 앉아서 놀아 달라고 꼬리 치던 모습이 눈에 선했다. 화니와 찰리 등에 올라타고 놀던 기억도 떠올랐다. 영국 기숙사 학교에서의 3년은 너무 길었다. 집에 돌아가고 싶은 마음이 굴뚝같았다. 그렇더라도 에이미는 퇴학당해서 가고 싶은 마음은 전혀 없었다. 지독한 향수병을 느꼈음에도, 에이미는 케이 교장이 다음 날 아침 자신을 학교에서 쫓아내지 않기를 간절히 기도했다.

새벽 햇살이 창문 커튼 사이로 스며들고 있었지만, 에이미는 여전히 잠이 오지 않았다.

여덟 살 때 성탄절 선물로 받았던 작은 인형의 집이 생각났다. 예쁜 장식들과 조그만 가구들이 오밀조밀 갖추어진 인형의 집은 약간 따분한 장난감이었다. 성탄절 다음 날, 에이미는 그 집을 뒤집어서 그 안에 들어 있는 장난감 가구들을 모두 쏟아 놓은 뒤, 바닥에 깔려 있던 양탄자 대신 이끼를 갈고 현관문 앞에 작은 나뭇가지를 꽂아 두었다. 그렇게 하니 그 집이 훨씬 재미있어 보였다. 그러고 나서 에이미는 앞마당으로 뛰어나가 개미, 풍뎅이, 딱정벌레들을 잡아 와서 인형의 집에 넣었다. 에이미는 몇 시간이고 그 앞에 앉아서 곤충들이 자신의 새로운 집을 이리저리 기어 다니는 모습을 지켜보았다. 그러나 에이미의 유모는 그 모습을 보고 기겁을 하며 이끼와 곤충들을 당장 갖다 버리라고 했다.

어떤 면에서는 기숙사 학교도 그 인형의 집과 다를 바가 없었다. 학교가 너무나 따분했던 에이미는 양탄자대신 이끼를 깔거나 새로운 친구들을 데려와 생동감 넘치는 장소로 만들고 싶었다.

　잠을 제대로 못 자서 졸린 눈으로 식당에 앉은 에이미는 아침을 먹는 둥 마는 둥 하고는 자리에서 일어났다. 아이들이 아침 식사를 끝내고 식당을 나가는 사이, 에이미는 터벅터벅 교장실로 걸어갔다. 교장실 문을 노크하자, 들어와도 된다는 교장의 밝은 목소리가 들려왔다. 에이미는 시무룩한 모습으로 교장의 책상 앞에 섰다. 케이 교장은 에이미의 행동에 실망했다는 말로 이야기를 시작했다. 그러고는 하나님이 주신 통솔력의 은사를 규칙을 어기는 데 사용하지 말고, 다른 아이들을 옳은 일로 이끄는 데에 사용하라고 충고했다. 교장의 긴 설교를 들으면서 에이미는 결론적으로 무슨 말이 나올지를 기다렸다. 퇴학을 당할 것인가? 다행히 퇴학은 아니었다. 대신에 교장은 매일 아침 30분 일찍 일어나 1층 벽난로를 청소하는 것과 한 달 동안 토요일 저녁마다 식당 종업원을 도와서 그릇 닦는 벌을 주었다.

　그 후 에이미는 아무런 말썽 없이 두 달을 잘 지냈다. 더는 혜성 관측도, 생애 한 번 있을까 말까 한 대사건도 없이 예전처럼 공부에만 열중했다.

그러나 에이미의 열다섯 번째 생일을 며칠 앞둔 11월, 다시 한 번 케이 교장이 에이미를 호출했다. 이번에는 혼내기 위함이 아니었다. 케이 교장은 에이미에게 앉으라고 권한 후 말하기 곤란한 표정으로 입을 열었다. 교장은 에이미의 아버지인 데이비드 카마이클 씨가 자세한 이유를 밝히지 않고 아이들을 집으로 오도록 연락해 왔다고 말했다. 부근의 남학교에 다니는 에이미의 남동생 노먼과 어니스트 역시 속히 아일랜드로 돌아가게 되었다고 했다.

 그리하여 학기 중간에 에이미는 짐을 챙겨서 두 남동생과 함께 요크셔에서 리버풀로 가는 기차를 타고, 다시 리버풀에서 증기선을 갈아탄 후에 아일랜드 해를 건너, 집에 도착했다. 그러나 그들이 도착한 집은 떠날 때와 동일한 집이 아니었다. 에이미의 부모님과 동생들이 시골의 유서 깊은 돌담 집에서 벨파스트라는 도시로 이사를 한 것이었다. 이유는 카마이클 씨의 직업 때문이었다. 에이미의 아버지 카마이클 씨와 그의 남동생 윌리엄은 밀리슬에서 커다란 제분소를 운영하고 있었다. 거의 백 년이 넘은 제분소였지만 카마이클 형제는 시대에 뒤떨어지지 않으려고 최신식의 설비를 갖추어 놓았었다. 그래서 그 마을에서 최초로, 증기의 힘으로 밀가루를 빻는 롤 제분기를 들여놓기도 했다. 심지어 그 기계에는 가스 조명등까지 있었다.

카마이클 형제는 벨파스트 부근에 새로운 제분소를 하나 더 열기로 했다. 그래서 에이미와 두 남동생이 영국의 기숙사 학교에서 공부하는 동안 컬리지 가든이라는 동네로 이사를 온 것이었다. 그러나 일은 계획대로 풀리지 않았다. 카마이클 형제가 두 개의 제분소에서 밤낮으로 열심히 일해도 계속 적자가 났다. 문제는 제분기가 아니라 최신식의 증기선이 원인이었다.

아일랜드의 제분소에서는 미국에서 수입된 밀을 사용했다. 미국의 밀은 배에 실려 영국의 리버풀을 거쳐 아일랜드로 들어왔다. 카마이클 형제는 아일랜드에 도착한 밀을 제분소에서 빻아서 밀가루로 만들어 영국과 아일랜드에 팔았다. 미국에서 대서양을 횡단하는 항해 기간이 워낙 길어서 벌레가 생기고 상할까 봐 밀가루를 싣고 올 수 없었기 때문이다. 그러나 이제는 새로 개발된 증기 고속선이 워낙 빨랐기 때문에, 아예 미국에서 밀을 빻아 밀가루를 싣고 오는 것이 가능해졌다. 미국산 밀가루 가격이 상대적으로 너무 저렴했기 때문에 아일랜드에서 생산되는 밀가루도 가격을 낮출 수밖에 없었고, 급기야 이익은커녕 손해를 보는 장사를 하게 되고 말았다. 그런 사정이다 보니 아이들의 사립 기숙사학교 비용을 감당하지 못해 에이미와 두 남동생을 집으로 불러들인 것이었다.

집에 돌아온 에이미는 벨파스트의 사설 교양학원에 다니며 음악, 미술, 노래 공부를 계속했다. 다시 가족과 함께 있을 수 있어 무엇보다 좋았다. 말버러 기숙사 학교는 여러 면에서 외롭고 심심했다. 하지만 집에서는 심심할 틈이 없었다. 6명의 형제자매뿐만 아니라 작은 아버지인 윌리엄의 자녀 5명까지 자주 놀러 왔기 때문에, 에이미는 항상 동생들과 사촌들에 둘러싸여 재미있게 지냈다.

한편, 도시에서 사는 것도 마음에 들었다. 에이미는 혼자 벨파스트 거리를 누비고 다니며 시골에서 보지 못하던 5층짜리 벽돌 건물들을 흥미로운 듯 쳐다보기도 했고, 말이 끄는 전차들을 넋 놓고 바라보기도 했다.

어느 날, 거리를 구경하고 돌아온 에이미는 어머니와 아버지가 조용히 서로 이야기를 주고받는 거실 앞을 지나게 되었다. 얼핏 눈에 들어온 어머니의 얼굴은 금방이라도 울음을 터뜨릴 것 같았다. 아버지는 한숨을 내쉬며 "어쩔 도리가 없군…"이라고 말했다.

에이미는 부모님의 심각한 대화를 방해하고 싶지 않아서 얼른 자리를 떴다.

그러나 그 심각한 대화 내용이 무엇이었는지는 머지않아 밝혀졌다. 수입산 밀가루 때문에 사업이 부진한 터에 경제적으로 어려움을 겪고 있는 친구에게 천 파운드를 빌려 주었다가 친구가 그 돈을 갚지 못하게 된 것이었다. 집안 살림이 더 어려워지자 에이미는 교양학원의 수업마저 받을 수 없게 되었고, 집에서 어린아이들을 가르치는 가정교사로 일을 하기 시작했다.

사업 부진과 재정적인 어려움 때문에 카마이클 씨의 걱정 근심은 그칠 날이 없었다. 몇 시간씩 머리를 싸매고 대책을 세워 보았지만, 별 뾰족한 수가 없었다. 결국 너무 많이 고민을 한 나머지 건강이 악화되었고, 1885년 4월에는 폐렴으로 자리에 눕고 말았다. 열일곱 살이 된 에이미가 아버지 곁에서 밤낮으로 간호를 했으나, 쉰세 살의 카마이클 씨는 병마를 이기지 못하고 몇 주 후에 세상을 떠나고 말았다.

아버지가 돌아가신 날부터 에이미의 삶은 달라지기 시작했다. 갑자기 어른이 되어 버린 것이었다. 맏딸로서의 새로운 책임과 부담이 에이미의 어깨에 지워졌다. 나이 어린 동생들을 돌보고 어머니를 도와 집안일을 하는 것은 에이미의 몫이었다. 아버지가 남겨 놓은 재산으로 최대한 버티려면, 가정부도 두지 말아야 했기 때문이다.

그럼에도 에이미는 조금도 기가 죽거나 낙심하지 않았다. 맡은 일들이 있었고 어머니와 동생들이 자신을 의지하고 있지 않은가! 앞으로 10년 동안 동생들만 돌봐야 한다 해도 에이미는 아무런 불평 없이 기꺼이 그 일을 해낼 것이다. 불평은커녕 꿋꿋하고 씩씩하게 자신의 앞길을 헤쳐나갈 사람이 바로 에이미였다.

Chapter 3

분수대에서 들려온 소리

아버지를 잃은 슬픔과 생활의 변화로 한동안 어려움을 겪기는 했으나 다시 그 삶에 익숙해진 카마이클 가족은 새롭지만 평범한 일상을 보냈다. 그러나 한 가지만큼은 변함이 없었다. 에이미의 부모는 독실한 기독교인이었는데, 아버지가 세상을 떠난 후에도 어머니는 여전히 주일마다 아이들을 데리고 로즈마리 가(街)에 있는 장로교회에 가서 예배를 드렸다. 주일이면 모두 제일 좋은 옷으로 갈아입고 교회까지 걸어갔다. 교회 예배가 끝나 집으로 돌아오는 길이면 에이미와 두 남동생, 노먼과 어니스트는 어머니와 다른 동생들을 앞질러 걸어가기를 좋아했다. 어느 주일, 여느 때와 다름없이 주일 예배를 마치고 집으로 돌아가는 길에 에이미의 일생을 바꿔 놓을 한 가지 사건이 벌어졌다.

그날은 매우 춥고 음산했다. 하필이면 파크 목사님 설교도 그날 따라 너무 길었다. 한 시간 반 동안 추운 예배당에서 예배를 드리고 나니, 가족 모두 빨리 집으로 돌아가 거실의 따뜻한 벽난로 곁에 앉고 싶어 했다.

이번에도 예외 없이 에이미와 노먼, 어니스트가 앞장을 섰다. 셋이 컬리지 가든을 향해 재빨리 걸음을 옮기고 있을 때, 남루한 차림의 거지 노파가 휘청거리는 걸음으로 거리를 걷고 있는 모습이 보였다. 노파는 다 떨어진 너덜너덜한 옷을 입고 있었는데, 발을 감싼 헝겊조각이 진흙에 뒤엉겨 걷기조차 힘들어 보였다.

나이 많은 거지 노파는 낡은 석탄자루에 나뭇가지들을 잔뜩 담아서 등에 짊어지고 있었다. 등짐의 무게를 견디지 못해 노파는 자꾸 비틀거렸고, 결국 길바닥에 넘어지고 말았다. 에이미와 두 남동생은 걸음을 멈추고 노파를 바라보았다. 비록 아버지의 사업 실패로 가세가 기울기는 했어도 에이미의 형제자매는 보통 사람들보다 부유한 가정환경에서 자라났다. 그런 중에도 에이미의 부모는 부자와 가난한 자를 떠나서 누구든 도움이 필요한 사람을 도와주어야 한다고 아이들을 가르쳤다. 세 아이는 잠시 서로 얼굴을 쳐다보다가, 누가 먼저랄 것도 없이 그 노파에게 다가갔다. 곧이어 노먼은 노파의 나뭇짐을 들어주었고, 에이미와 어니스트는 노파를 양쪽에서 부축했다. 노파는 이 빠진 입에 미소를 띠며 자기가 가려던 방향을 손으로 가리켰다.

에이미와 남동생들은 근처의 건물까지만 가려고 했으나 노파가 가려는 목적지는 훨씬 멀리에 있었다. 할 수 없이 그들은 노파가 안전하게 목적지에 당도할 때까지 함께 가 주기로 했다. 말끔하게 정장을 차려입은 에이미와 어니스트가 누더기를 걸친 노파를 부축하며 걸어가고, 역시 말끔하게 정장을 차려입은 노먼이 어깨에 나뭇짐을 걸치고 그들의 뒤를 따랐다. 느릿느릿 걸어가는 노파 때문에 그들은 빨리 속도를 내어 걸을 수가 없었다. 에이미는 '이러다가 행여 교인들이 우리의 모습을 보게 된다면 어쩌지?' 하고 생각했다.

결국 우려했던 일이 일어나고 말았다. 예배를 마치고 돌아가는 교인들이 한두 명씩 나타나, 이상하다는 눈초리로 그 셋을 쳐다봤다. 에이미의 얼굴이 홍당무처럼 달아올랐다. 개중에는 자신의 자녀를 에이미 일행 근처에서 멀찌감치 떨어뜨려 놓는 여인도 있었다.

창피한 마음에 에이미와 두 남동생은 고개를 숙인 채 땅만 바라보며 걸었다. 더는 제발 교인들이나 잘 아는 사람들의 눈에 띄지 않기를 바라면서···.

그들이 걸어가던 길 중앙에는 분수대가 하나 있었다. 에이미는 거지 노파와 걷고 있다는 생각을 잠시라도 떨쳐버리려고 분수대를 유심히 바라보았다. 작은 돌들을 깎아서 만든 분수대에서는 세 줄기의 물이 뿜어져 나오고 있었다. 에이미가 문득 발걸음을 멈추었다. 누군가 속삭이는 소리가 들렸기 때문이다. "금이나 은이나 보석이나 나무나 풀이나 짚으로 이 터 위에 세우면 각 사람이 공적이 나타날 터인데···불이 각 사람의 공적이 어떠한 것을 시험할 것임이라. 만일 누구든지 그 위에 세운 공적이 그대로 있으면 상을 받을 것이라."

누구의 목소리인지 보려고 에이미는 고개를 돌렸으나, 주위에는 아무도 없었다. 그러나 그 소리는 매우 분명하고 똑똑하게 들려왔다. 에이미는 자신의 귀를 의심하듯 고개를 갸웃거리며 여전히 노파의 팔을 잡은 채 길을 걸었다.

그런데 순간 에이미는 마음속에서 뭔가 다른 감정을 느낄 수 있었다. 노파와 함께 있는 것이 더는 부끄럽거나 창피하지 않았다. 오히려 에이미는 고개를 쳐든 채 당당하게 걸었다. 이윽고 그들은 노파의 목적지에 당도했고, 에이미와 두 남동생은 쏜살같이 달려와 어머니와 다른 동생들을 만나 집으로 돌아왔다.

　점심을 먹고 난 후에 에이미는 혼자 방으로 들어갔다. 그러고는 조용히 침대 곁에 무릎을 꿇고 앉았다. 분수대를 지날 때 들은 것이 성경말씀임을 잘 알았던 에이미는 작은 가죽 성경을 꺼내 들었다. 그 말씀은 고린도전서 3장 12-14절의 말씀이었다. 에이미는 그 구절을 다시 읽었다. '이 말씀이 노파와 무슨 관련이 있는 걸까?' 어릴 적부터 에이미는 하나님이 자신을 사랑하신다는 사실을 알았다. 그러나 하나님의 사랑을 아는 지식이 매일의 생활에 어떤 변화를 주었던가?

　몇 시간 동안 혼자 기도하며 깊이 생각한 후에 에이미는 그 말씀이 자신에게 무엇을 의미하는지 마침내 깨달았다. 우선 이제부터 에이미는 하나님이 보시기에 부적절한 행동을 하지 않기로 마음먹었다. 언젠가 하나님 앞에 섰을 때, 자신이 일생 동안 행한 모든 일이 가치 있었음을 칭찬받고 싶다고 에이미는 생각했다. 에이미는 자신의 일이 풀이나 짚이 아닌 금이나 은 위에 세워지기를 바랐다. 또 하나 에이미는 다른 사람들이 어떻게 생각하고 뭐라고 하는지에 집착하지 않고, 하나님이 기뻐하시는 일이라면 그것으로 만족하겠다고 다짐했다. 그리스도인들조차도 거지들 곁에 다가가기를 싫어했지만, 그것은 그들의 문제였다. 이제부터 에이미는 자랑스럽게 그들 곁에 설 것이었다!

저녁을 먹으러 아래층으로 내려오는 에이미의 가슴에는 새로운 목적이 생겼다. 그리고 그것은 에이미의 인생에 의외의 변화를 가져왔다.

에이미는 마음씨가 곱고 착한 아이였다. 어릴 적에 에이미는 어머니를 따라 벨파스트를 방문한 적이 있었다. 도중에 그들은 찻집에 들러 홍차와 케이크를 주문했다. 열심히 케이크를 먹던 에이미는 찻집 창문에 얼굴을 바짝 대고서 자신을 뚫어져라 쳐다보는 한 거지 소녀를 발견했다. 꾀죄죄한 얼굴의 그 아이는 분명 접시 가득 담긴 케이크를 맛있게 먹고 있는 또래 소녀가 부러워서 쳐다보고 있었을 것이었다. 그 거지 소녀의 애절한 눈빛은 에이미의 가슴에 깊은 인상을 남겼다. 집으로 돌아온 에이미는 벽난로 옆에 앉아서, 아까 본 거지 소녀에게 다음과 같은 약속의 시를 지었다.

내가 커서 돈이 생기면
무엇을 할지 나는 알지
너와 같은 소녀들을 위해
크고 아름다운 집을 지을 테야

또한 에이미는 동물을 무척 사랑했다. 그래서 동물들이 고통당하는 모습을 가만히 두고 보지 못했다.

어느 날 가족끼리의 기도 모임에 가던 에이미는 물이 담긴 양동이에 빠져 허우적대는 생쥐를 발견하고는, 두말없이 생쥐를 건져 자신의 앞치마 주머니에 집어넣었다. 불행히도 아버지가 기도하는 동안 생쥐가 찍찍거렸고, 에이미는 기도를 방해했다는 이유로 벌을 받았다. 그러나 에이미는 생쥐의 생명을 구했다는 기쁨에, 벌을 받는 게 하나도 힘들지 않았다.

이처럼 에이미는 어릴 때부터 마음씨가 착했다. 하지만 이제 에이미는 전과는 뭔가 달랐다. 단지 좋은 일을 해야 하기 때문이 아니라, 하나님이 사랑하는 대상이기에 좋은 일을 하기로 마음먹은 것이 달랐다. 에이미의 두 여동생은 언니의 변화를 즉시 알아차렸다. 그들은 언니의 변화된 태도를 놓고 '열성분자'라며 놀려댔다. 실제로 에이미는 정말 열성적인 사람이 되었다. 세상에는 정말 할 일이 많고, 하나님이 사랑하라고 하시는 사람들이 정말 많다고 생각했기 때문이다.

에이미는 하나님에 대해 더 알고 싶었고, 다른 사람들에게도 하나님을 알리고 싶었다. 어느 주일 오후, 컬리지 가든의 거리를 돌아다니던 에이미는 주변에서 놀고 있는 아이들을 집에 데려와 어린이 모임을 만들었다. 아이들이 손뼉을 치며 노래를 부르고 나면, 에이미는 성경 이야기를 들려주며 하나님이 그들을 얼마나 사랑하시는지 얘기해 주었다. 그러는 동안 에이미의 어머니는 샌드위치와 음료수를 만들어 아이들에게 주었다.

개중에는 하나님에 대해 더 알고 싶어 하는 아이들이 있었다. 그래서 에이미는 매주 토요일 아침이면 '아침 모임'을 열었다. 참여하고 싶은 아이들은 누구나 올 수 있었고, 모임에 나온 아이들에게는 황금색 테두리가 있는 푸른색의 카드 한 장씩을 나눠 주었다. 아이들은 그 카드 위에 매일 기도하고 성경을 읽겠다는 서약을 쓰고 서명을 한 뒤, 그 카드를 다시 에이미에게 돌려주었다.

매주 토요일 아침이면 에이미는 아이들이 서약대로 잘하고 있는지 토론하는 시간을 가졌다. 에이미의 두 남동생을 포함한 모든 아이가 '아침 모임'을 무척 즐거워했다. 아이들이 서로 얘기하고 배우도록 에이미가 그 시간을 재미있게 이끌었기 때문이다.

또 에이미는 월요일 저녁마다 엘리노어 몽고메리라는 친구와 함께 모임을 열었다. 그 모임은 공장에서 일하는 소년들을 위한 것이었다. 낮에는 읽기와 쓰기를 지도해 주었고, 모임 후에는 짧은 '취침 전 예배'를 드렸으며, 에이미가 아이들에게 성경을 읽어 주고 기도했다. 가끔 엘리노어의 아버지가 와서 도와주기도 했다. 엘리노어의 아버지는 '벨파스트 도시 선교회'에서 자원봉사를 하기도 했는데, 열여덟 살의 에이미가 청년회 모임 참석보다는 하나님의 일을 하는 데 더 깊은 관심이 있음을 보았다.

어느 날 몽고메리 씨는 에이미에게 그가 가끔씩 방문하는 벨파스트 빈민가에 동행할 것을 청했다. 에이미로서는 그보다 반가운 초대가 없었다. 그 이후 토요일 저녁이면 에이미는 벨파스트 빈민가라는 낯선 세계로 들어섰다. 그곳에는 에이미가 겪어 보지 못한 인생의 온갖 풍상이 어우러져 있었다. 에이미는 거리를 돌아다니는 거지들을 보거나 직접 도와준 적이 몇 번 있긴 했지만, 그토록 비참한 상황에서 하루하루 연명하며 사는 사람들이 있음을 처음 알게 되었다.

빈민가에서 발견한 또 다른 것은 고약한 악취였다. 사람들이 버린 야채 쓰레기들 냄새, 임시로 만들어 놓은 화장실에서 나는 오물 냄새, 술 취한 남자들이 거리 중간에 앉아 피워 대는 담배 냄새 등이 골목마다 넘쳐났다. 눈앞에 펼쳐진 모든 광경과 냄새 때문에, 빈민가를 들어서는 순간 에이미는 주춤거렸다. 상상력이 풍부한 에이미로서도 인간이 그렇게 비참하게 살아가리라고는 생각해 보지 못했었다.

어느 토요일 저녁, 에이미와 몽고메리 씨가 빈민가에서 전도지와 빵을 나눠 주고 있을 때였다. 초라한 옷을 걸친 파란 눈의 작은 소녀가 에이미에게 와서 음식을 달라고 구걸했다. 에이미가 그 소녀를 내려다보고 있는데, 숄로 머리를 감싼 한 여인이 소녀를 안고 가 버렸다. 그러면서 여인의 머리에서 숄이 떨어졌는데, 그 순간 에이미는 깜짝 놀랐다. 전혀 나이 든 얼굴이 아니었기 때문이다. 나이가 아무리 많아도 에이미 정도일 듯했다. '이제 스무 살도 안 되어 보이는데, 도대체 어떤 삶을 살았길래 저토록 등이 굽고 얼굴이 해쓱한 것일까?' 빵과 전도지를 모두 나눠 준 후에 에이미는 마음속에 품었던 질문을 몽고메리 씨에게 했다.

몽고메리 씨는 그런 여인들을 '숄리'라고 부른다고 말해 주었다. 숄리란 벨파스트 도시의 유명 상품인 아마사를 만드는 공장에서 일하는 소녀들을 일컫는 말이었는데, 대부분 열 살 정도의 나이에 하루 열두 시간씩 일한다고 했다. 아일랜드 아마, 아일랜드 셔츠, 아일랜드 밧줄은 세계 으뜸의 품질을 자랑했지만, 가격은 아주 쌌다. 그 이유는 공장에서 일하는 소녀들의 임금이 턱없이 낮기 때문이었다. 대부분 소녀는 모자를 살 돈도 없었기 때문에, 추운 날씨에 외출할 때면 어깨에 걸치는 숄을 머리까지 덮어쓰고 다녔다. 그 때문에 숄리라는 별명을 얻게 된 것이었다.

그 이후 에이미의 뇌리에서 숄리들에 대한 생각이 떠나지 않았다. 그들을 위해 무언가를 해야 할 것 같았다. 서서히 에이미의 머릿속에 좋은 방안이 하나 자리 잡았다. '주일마다 아이들을 모아 모임을 만들었듯이, 숄리들을 위한 주일 모임을 만들면 어떨까?' 가장 적당한 모임 장소는 로즈메리 장로교회였다. 교회에는 모임을 할 수 있는 방들이 많으니, 그중 하나를 벨파스트의 불쌍한 영혼들을 위해 사용한다면 교회에서도 환영할 것이라는 생각이 들었다.

곧장 교회의 파크 목사를 찾아간 에이미는, 숄리들이 주일 아침에 성경공부와 기도 모임을 할 수 있도록 교회의 방 하나를 사용하게 해 달라고 부탁했다. 파크 목사가 에이미의 제안에 찬성했는지, 아니면 에이미의 주장을 꺾을 수 없어 할 수 없이 허락했는지는 모르지만, 어쨌든 에이미는 교회에서 숄리들의 모임을 해도 좋다는 허락을 받아냈다.

교인들은 벨파스트의 천한 무리가 교회 안을 왔다 갔다 하는 것을 매우 못마땅해 했다. 에이미를 오래전부터 알던 사람들도 왜 에이미가 숄리들과 가깝게 지내면서 교회까지 데려오는 것인지 이해하지 못했다. 숄리들에게 고약한 냄새가 나고 벼룩과 이가 득실거린다는 사실을 에이미가 아는지 모르겠다며 수군대는 이들도 있었다. 교인들에게 벼룩과 이가 옮을까 봐 걱정하는 이들도 있었다. 많은 사람이 거의 매일 파크 목사에게 숄리들의 모임 허가를 철회해 달라고 요구했다. 그러나 목사는 번번이 그 요구를 거절했다.

결국 사람들은 에이미를 찾아가 자신들의 의견을 단도직입적으로 이야기하기 시작했다. 하지만 에이미는 사람들이 어떻게 생각하건 전혀 신경 쓰지 않았다. 분수대에서 하나님의 말씀을 들은 이후 에이미는 사람들이 하는 어떤 부정적인 말에도 흔들리지 않았다. 에이미가 원하는 것은 오직 하나님을 기쁘시게 해 드리고, 사람들에게 하나님의 사랑을 전하는 것뿐이었다.

여러 가지 봉사와 집안일 때문에 에이미는 눈코 뜰 새 없이 바빠졌다. 결국 1886년 9월, 에이미의 어머니는 에이미에게 학교 친구였던 사라 맥클런의 집에 가 있다 오라고 했다. 잠시 휴식을 취하게 하기 위함이었다.

사라의 집은 스코틀랜드에 있었다. 그곳에서 에이미와 사라는 글래스고우로 가서 케직 사경회에 참석했다. 12년 전, 영국의 한 지역에서 천막교회 모임이 시작된 이후로 비슷한 종류의 모임이 영국제도 곳곳에서 생겨났다. 사람들은 그런 모임을 케직 사경회라고 불렀다.

케직 사경회에 관한 얘기를 오래전부터 수없이 들어왔던 에이미는 설교자의 말씀에 귀를 기울이며 자신에게도 어떤 신비한 체험이 일어날지 기대했다. 그러나 아무 일도 일어나지 않았다. 설교 말씀은 좋았지만, 특별히 에이미의 가슴을 뭉클하게 만드는 말씀은 아니었다. 반면에 옆에 앉은 사라는 눈을 반짝이며 설교자를 바라보았다. 그러고는 연신 고개를 끄덕였다. 설교 말씀에 깊은 감명을 받은 듯했다. 사라가 예배에 몰입해 있는 동안 에이미는 구두가 너무 죄어서 발이 아프고, 배가 고파 '꼬르륵' 소리가 난다는 생각만 하고 있었다. 빨리 설교가 끝나 점심시간이 되기만을 기다렸다.

수많은 사람이 케직 사경회에서 큰 은혜를 받고 하나님을 체험했다는 간증을 많이 들었던 에이미로서는 상당한 실망이었다. 자신이 제대로 준비가 되지 않은 것인지, 사람들이 모임에 대해 지나치게 과장했던 것인지 종잡을 수가 없었다.

마침내 설교를 끝낸 설교자가 성경을 덮은 후 그의 자리로 돌아가 앉았다. 뒤이어 모임 인도자가 앞으로 나와 마지막 기도를 드렸다. "하나님, 우리를 언제나 붙들어 주셔서 감사합니다."

바로 그 순간, 그 기도가 에이미의 뇌리에 새겨졌다. 에이미는 마치 감전이라도 된 듯한 기분이었다. '하나님은 나를 언제나 붙들어 주신다!' 에이미는 그 말을 계속 되풀이해서 생각했다.

  모임이 끝난 뒤 모든 사람이 자리에서 일어난 후에도 에이미는 혼자 깊은 생각에 잠겨 있었다. 마침내 사라가 에이미의 팔을 붙들고 일으켜 세웠지만, 에이미는 꿈쩍도 하지 않았다. 분수대에서 하나님의 음성을 들은 이후 처음으로 다시 하나님이 에이미의 마음에 직접적으로 말씀하시는 것 같았다. 하나님은 에이미가 어디를 가든, 무엇을 하든, 그리고 무슨 일이 일어나든 언제나 붙들어 주실 것이었다. 에이미가 넘어지지 않도록! 하나님이 붙들어 주신다면 이 세상에서 못할 일이 무엇이 있겠는가? 이제 에이미는 벨파스트로 돌아갈 날 만을 손꼽아 기다렸다. 에이미의 가슴속에는 미래를 향한 원대한 계획이 싹트고 있었다.

Chapter 4

양철 성막

스코틀랜드에서 다시 아일랜드로 돌아온 에이미의 머릿속에는 한 가지 중대한 결심이 서 있었다. 이제부터 에이미는 하나님이 자신을 통해 그분의 뜻을 마음껏 이루시도록 그분을 신뢰하기로 다짐했다.

다시금 에이미는 숄리들을 위한 사역에 발 벗고 나섰다. 2년이 지나지 않아서 그 모임은 매주 4백 명이 모여들 정도로 커졌다. 여전히 로즈메리 장로교회의 교인들은 숄리들이 교회를 거의 점령하고 있다며 투덜거렸다. 그들은 숄리들이 마치 더러운 쥐라도 되는 듯 쳐다보았다.

숄리들의 모임이 커지자 에이미는 아무래도 자신들만의 자체적인 모임 장소가 있으면 더 좋겠다고 생각하게 되었다. 에이미의 두 여동생, 에델과 에바가 여성잡지들을 뒤적이며 최신 유행과 결혼 얘기로 시시덕거리는 동안, 에이미는 건축이나 공학에 관한 책들을 열심히 들여다보았다. 에이미는 여동생들이나 자기 또래의 처녀들과 달리, 결혼에는 별 관심이 없었다. 어쩌면 자신이 원하는 일을 하도록 허락해 줄 남자가 세상에 없을 것이라고 지레짐작했기 때문인지도 몰랐다. 에이미는 결혼에 대한 생각을 아예 지워 버린 채, 숄리들을 위한 사역에만 몰두했다.

에이미는 한 건축잡지를 훑어보다가, 철근으로 지은 건물 조감도를 실은 광고를 하나 보게 되었다. 조감도 옆에 적힌 문구를 읽어 보니, 5백 파운드만으로도 조립식 철제 건물을 지을 수 있다고 했다. 조감도를 유심히 살펴보면서 에이미는 과연 철제 건물이 실제적으로 얼마나 유용할지를 상상해 보았다. 벨파스트 시의 건물은 대부분 돌이나 벽돌로 지어져 있었다. 그래서 철제 건물이 어떨지 쉽게 짐작하기 어려웠다. '너무 춥거나 시끄럽게 울리지는 않을까? 철제 건물이 정말 실용적일까, 아니면 광고용으로 새로 고안된 물건에 지나지 않는 것일까?' 에이미로서는 도무지 알 길이 없었다. 에이미가 아는 것이라고는 학교에서 배운 노래와 바느질뿐이었다. 에이미는 공학에 있어서는 문외한이었다.

만약 에이미의 아버지가 그때까지 살아 계셨더라면, 그 철제 건물이 튼튼한지 아닌지, 벨파스트의 습한 기후에 잘 견딜 수 있을지 그렇지 않을지 말해 주었을 것이다. 아버지가 살아 계실 뿐만 아니라 그 많은 돈을 잃지 않았더라면, 에이미를 위해 선뜻 그 건물을 사 주고도 남았을 것이다. 에이미의 아버지는 언제나 기독교 봉사활동에 후하게 기부금을 냈고, 밀리슬에 큰 건물을 지어 학교와 교회로 확장해서 사용하도록 했었다. 또한 교회 목사님을 위해 말과 마차를 사서 기부하기도 했다. 그러나 이제 아버지는 세상에 없었고, 카마이클 가족은 그저 근근이 먹고살았다. 새로운 건물을 지을 형편이 전혀 못 되었다.

에이미는 건축잡지에 나온 철제 건물을 지을 만한 재정을 어떻게 구하면 좋을지 생각해 보았다. 물론 다른 그리스도인들에게 부탁할 수는 있겠지만, 언젠가 한 교인에게 기부를 요청했다가 거절당한 뼈아픈 기억이 에이미의 머릿속에 되살아났다. 당시 에이미는 열 살이었는데, 잠시 할머니 집에서 살고 있었다. 그때 할머니는 자선모금을 하는 중이었는데, 에이미에게 길목에 있는 큰 집의 집주인을 찾아가 기부를 부탁하라고 하셨다. 에이미는 기꺼이 할머니의 심부름을 했다. 그 집주인은 주일이면 항상 교회에서 봤던 사람이었다. 에이미는 그 집의 현관문을 노크하면서 집을 둘러보았다. 정원에 아름다운 조각상이 세워져 있었고, 공들여 세공한 현대식 탑도 있었다. 이렇게 부자인 사람은 분명히 할머니의 자선모금에 돈을 아끼지 않을 것이라고 에이미는 속으로 생각했다.

집주인이 문 앞에 나타나자 에이미는 자신이 온 이유를 설명했다. 그러자 놀랍게도 그는 할머니의 자선모금에 낼 돈이 한 푼도 없다고 퉁명스럽게 말했다. 에이미는 그 말에 충격을 받았다. 그는 분명 부자였고, 원한다면 건물 하나도 기부할 수 있을 만큼 돈이 많을 것이다. 그런데 어떻게 한 푼도 없단 말인가? 에이미는 그가 한 말을 거듭해서 생각하며 다시 할머니의 집으로 걸어갔다. 그리고 '그 남자는 분명히 엄청나게 돈이 많을 거야. 하지만 그저 남에게 한 푼도 주고 싶지 않은 것뿐이야!'라고 나름대로 결론을 내렸다.

그날, 에이미는 뚜렷한 신념을 갖게 되었다. 진정한 그리스도인이라면, 다른 사람을 돕기 위해 자신의 돈을 기쁜 마음으로 기부해야 한다. 그러니 베풀지 않으려는 인색한 사람에게 애원할 필요가 어디 있겠는가?

비록 10년 전의 일이었지만, 에이미는 그때 일을 매우 생생하게 기억하고 있었다. 그리고 여전히 그리스도인들은 기쁘게 돈을 기부해야 한다고 믿었다. 아울러 그들에게 가서 직접 부탁하기보다는 사람들의 마음을 움직여 달라고 하나님께 기도하는 편이 더 낫다고 믿었다.

다음 주일, 숄리 모임에서 에이미는 자체적인 건물 구입에 대해 의논했다. 모든 사람이 그 생각에 동의했으며, 5백 파운드에 이르는 엄청난 재정과 조립식 건물을 세울 적당한 부지를 놓고 다 같이 하나님께 간구하기로 했다.

한 가정의 장녀였던 에이미는, 당시의 사회적 관습에 따라 장녀에게 부과되는 의무를 저버릴 수가 없었다. 에이미가 피해 갈 수 없던 것 중에는 어머니와 함께 '답례 방문'을 가는 일이 있었다. 답례 방문이란 상류층 여인들이 서로의 집을 방문하는 관행이었다. 그냥 아무 때나 방문하는 것이 아니라 정확한 방문 일자와 시간을 먼저 카드로 알렸다. 에이미는 이 답례 방문을 지독히 싫어했다. 모든 답례 방문이 항상 똑같았기 때문이다.

나이 든 여인이 늘 에이미에게 묻는 것이란 그저 요즘 관심 있는 남자는 없는지, 여동생들의 피아노 실력은 얼마나 늘었는지, 요즘에는 어떤 작품을 연주하는지 등이었다. 그런

후 여주인은 자신이 최근에 참석한 시 낭송회 등에 관한 얘기를 꺼내고 어떤 청년이 어떤 아가씨를 방문했다는 따위의 시시한 이야기들을 늘어놓았다. 무료하기 짝이 없는 대화를 듣는 가운데, 불편한 의자에 앉아 자세를 흐트러뜨리지 않고 무릎에 놓인 찻잔이 떨어지지 않도록 신경을 쓰면서 한 시간 내지는 그 이상을 앉아 있기란 매우 고역이었다.

에이미는 그런 방문들이 매우 지루했고, 시간 낭비라고 생각했다. 그러나 어머니와 동행하는 것이 자신의 의무였기 때문에 불평하지는 않았다.

가끔은 누군가 에이미에게 요즘 무엇을 하고 있는지 물어볼 때가 있었다. 그러면 에이미는 숄리들에 대한 사역과 자신이 열성적으로 자원봉사하고 있는 벨파스트 도시선교회, 기독교 여자 청년회(YWCA) 사역에 대해 신 나게 얘기했다. 에이미는 자기 자신에 대해 말하기를 그다지 좋아하지는 않았지만, 하나님이 사람들에게 베푸신 은혜에 대해서는 열심히 얘기했다. 때로 에이미의 얘기에 흥미를 잃은 여주인이 대화의 주제를 자신이 생각하기에 좀 더 '고상한' 것으로 돌리기는 했지만, 어떤 사람들은 에이미의 사역에 진정한 관심을 표명하기도 했다.

그중 한 사람이 케이트 미첼이었다. 케이트는 부유한 상인의 딸이었는데, 에이미의 말을 귀 기울여 듣더니 몇 가지 진지한 질문을 했다. 에이미는 자신이 도시에서 하고 있는 모든 사역에 관해 기쁘게 얘기해 주었다. 에이미는 케이트가 자신의 의도를 이해해 주고 관심을 기울이는 것 같아 기쁜 마음으로 그 집을 나섰다. 그리고 며칠 뒤에 케이트의 관심이 단순한 예의가 아니었음이 밝혀졌다.

며칠 후 에이미는 케이트에게서 한 통의 편지를 받았다. 편지에는 몇 가지 놀라운 소식이 들어 있었다. 숄리 모임을 위한 건물 구입비 전액을 케이트가 대겠다는 것이었다! 에이미는 매우 기쁜 나머지 믿기지가 않았다. 에이미가 케이트에게 직접 돈을 요구한 적은 없었다. 하나님이 케이트의 마음을 움직이신 것이었다. 에이미는 주일 아침이 되기만을 초조하게 기다리다가 숄리들에게 이 기쁜 소식을 알렸다.

문제는 그 조립식 건물을 어디에 짓느냐는 것이었다. 그렇게 큰 건물을 아무 데나 세울 수는 없었다. 에이미는 도시 전역을 다니며 봉사활동을 했기 때문에 벨파스트 시의 지리를 손바닥 보듯 훤히 들여다보았다. 어디에 건물을 세울지 고심하던 에이미의 뇌리에 캄브리아 가를 지날 때 보았던 부지가 떠올랐다. 그 땅의 주인은 벨파스트에서 제일 큰 제분소를 갖고 있는 어느 부유한 상인이었다. 에이미는 그 사람을

4장 · 양철 성막

찾아가서 건물에 대한 계획을 얘기하고는, 건물을 짓기 위해 그의 땅이 필요하다고 말했다. 그러고는 그 땅을 얼마에 팔지 물었다. 그가 가격을 말했을 때 하마터면 에이미는 큰 소리로 웃을 뻔했다. 심지어 자신이 제대로 들은 것인지 의심했다. 그가 제시한 가격은 실제 땅값의 10분의 1에 불과했다. 땅값이 예상보다 너무 낮다 보니, 케이트의 기부금만으로도 건물은 물론 땅까지 살 수 있었다. 하나님이 공급하신 이야기를 숄리들에게 들려주고 싶었던 에이미는 또다시 주일 아침이 되기를 초조하게 기다렸다.

얼마 후 캄브리아 가에 5백 명을 수용할 수 있는 철제 건물이 세워지기 시작했다. 성탄절 무렵에 건물 조립이 끝났고, 1889년 1월 2일에 파크 목사의 주도로 공식적인 헌당 예배가 올려졌다. 에이미는 앞자리의 강대상에 앉지 않고, 예배 시간 내내 숄리들과 함께 청중석에 앉아 있었다. 언제나 그랬듯, 자신이 아닌 하나님이 행하신 일에 사람들의 관심이 쏟아지길 바랐기 때문이다.

수많은 사람이 헌당 예배에 참석했다. 일부는 철제 건물이 어떻게 생긴 것인지 구경하고 싶은 마음에 참석한 것이었다. 그 건물의 공식 명칭은 '환영의 장소'였지만, 사람들은 그곳을 '양철 성막'이라고 불렀다. 에이미는 사람들이 그 건물을 뭐라고 부르든 상관하지 않았다. 중요한 것은 숄리 모임만을 위한 건물을 소유하게 되었다는 것이다. 이제 환영의 장소에서 에이미와 숄리들은 함께 모여 성경말씀을 듣고, 다른 그리스도인 여인들과 교제하며 서로 격려하고 새로운 지식을 배울 수 있게 되었다.

환영의 장소에서는 일주일 내내 모임이 열렸다. 환영의 장소 게시판에는 다음과 같은 주간 일정표가 붙어 있었다.

일요일 오후 4시 30분	성경공부 모임
일요일 오후 5시 30분	햇빛회 모임
월요일 오후 1시 20분	점심 모임
월요일 오후 7시 30분	찬양 연습
화요일 오후 7시 30분	야간 학습 모임
수요일 오후 1시 20분	점심 기도 모임
수요일 오후 7시 30분	자매들의 모임
목요일 오후 4시	어머니들의 모임
목요일 오후 7시 30분	바느질 클럽
금요일 오후 1시 20분	점심 모임
매달 첫째 수요일	전체 예배 (누구나 환영함)

양철 성막을 짓는 재정을 모으는 것이 에이미에게 중요한 일이었다면, 훌륭한 사역 동료를 만나는 것은 그보다 더 막중한 과업이었다. 에이미는 아무나 사역자로 받아들이지 않았다. 숄리들이 불쌍하다며 에이미의 일을 돕겠다고 하는 사람들도 있었고, 약간의 봉사활동이 자신의 삶에 필요하다는 생각에서 돕겠다고 나서는 사람들도 있었다. 그러나 에이미는 그런 도움은 받아들이지 않았다. 에이미는 자청하고 나선 수많은 사람을 돌려보내고, 오직 소수만을 받아들였다. 에이미가 받아들인 사람들은 오직 하나님을 향한 헌신의 마음으로 숄리를 섬기려는 이들이었다. 에이미는 어떤 어려움이나 난관에 부닥쳐도 믿음으로 극복해 나갈 헌신된 동료가 필요한 것이지, 그저 좋은 일이나 해보자는 식으로 덤벼드는 사람들은 어려운 순간이 닥치면 별 도움이 되지 못한다는 사실을 잘 알고 있었다.

환영의 장소에서 모든 사역이 순조롭게 돌아갔다. 하지만 카마이클 집안의 가정 형편은 그렇지 못했다. 카마이클 씨는 죽기 전에 대부분 재산을 투자금으로 돌려서, 가족이 그 이자로 살아갈 수 있게 조처해 놓았다. 하지만 투자 가치가 하락해 버린 바람에 많은 재산을 잃고 말았다. 이제 카마이클 가족은 근근이 살아가는 정도가 아니라, 입에 풀칠할 돈도 없는 형편으로 전락해 버렸다. 그래도 카마이클 부인은 절망에 빠지지 않았고, 변함없이 하나님을 신뢰했다. 카마이클 부인은 일곱 자녀를 한자리에 불러모아 현재의 절박한 상황을 있는 그대로 이야기했다. 그리고 나서 모두 함께 무릎을 꿇고서, 그런 상황을 헤쳐 나가도록 도와 달라고 하나님께 간구했다.

며칠 후 카마이클 가의 오랜 친구인 제이콥 맥길이 에이미 어머니에게 직장을 알선해 주었다. 영국의 맨체스터 외곽에 있는 앙코트라는 상업지역에서 모자원을 운영해 달라는 것이었다. 그는 에이미에게도 그곳의 제분소 일꾼들을 상대로 기독교 사역을 시작해 보는 것이 어떨지 제의했다. 오랜 기도와 생각 끝에 에이미는 어머니를 따라 영국으로 가기로 결심했다. 여동생 에델도 함께 가기로 했다. 노먼과 어니스트는 북미로 이민하겠다고 했고, 에바와 월터, 알프레드는 아일랜드의 친척 집에 머물기로 했다. 후에 월터와 알프레드는 남아공화국으로 이민했고, 에바 역시 캐나다로 이민했다.

이제 영국으로 가게 되면, 그동안 모든 사랑과 열정을 쏟았던 숄리들, 그리고 환영의 장소와는 작별을 고해야 했다. 다행히도 에이미의 사역에 큰 감화를 받은 케이트 미첼이 그 사역의 책임을 이어받기로 했다. 그러나 여전히 이별은 슬프기 짝이 없었다. 에이미는 그 사역을 자신의 일로 여긴 적이 한 번도 없었다. 처음부터 그것은 하나님의 일이었으며, 영원히 하나님이 관리하실 일이었다.

에이미는 어머니, 그리고 여동생 에델과 함께 증기선에 몸을 싣고 영국으로 향했다. 아일랜드의 푸른 들판이 눈앞에서 서서히 멀어져 갔다. 당시 에이미는 알지 못했지만, 그때가 바로 에이미가 생전에 고국을 바라보는 마지막 순간이었다. 배는 아일랜드 해협을 건너 앞으로 나아가, 영국의 리버풀에 도달했다. 굽이치는 파도에서 하얀 물보라가 피어올랐다. 에이미는 증기선 위에 서서 앙코트의 제분소 일꾼들을 위한 사역을 인도해 달라고 조용히 하나님께 기도했다.

Chapter 5

빈민촌에서 대저택으로

차가운 바람이 휘몰아쳤다. 한 자그마한 여성이 어깨에 걸친 숄을 바짝 잡아당겼다. 그 여성은 연기가 뿜어져 나오는 공장을 향해 북쪽으로 걷고 있었다. 군데군데 질퍽한 진흙 웅덩이가 보였다. 여인은 웅덩이를 민첩하게 건너뛰었지만, 말이 끄는 사륜마차가 덜컹거리며 지날 때마다 웅덩이의 진흙이 여인의 옷자락에 튀었다. 머리 위에서는 누군가 창문 밖으로 비누거품 섞인 물을 쏟아 부었다. 여인이 아슬아슬하게 몸을 피하자 자갈 섞인 길바닥으로 비눗물이 떨어졌다. 자그마한 몸집의 여인은 에이미 카마이클이었고, 새로운 보금자리에서 막 외출하는 참이었다.

  사람들의 눈에 에이미는 그저 여느 숄리와 다를 바 없었다. 아일랜드의 가난과 굶주림을 피해 영국으로 건너온 수많은 아일랜드 여성 중 하나로 비칠 뿐이었다. 어머니와 여동생이 세 들어 사는 시 외곽의 아담한 오두막집이 있었음에도, 에이미는 기어이 빈민가에 살겠다고 고집했다. 에이미는 자신이 도우려는 사람들과 함께 사는 것이 지극히 당연하다고 생각했다.

  벨파스트를 떠나온 지도 석 달이 지났다. 그동안 빈민가에 살면서 에이미는 많은 것을 깨달았다. 빈민가의 삶은 정말 고단했으며, 잠도 제대로 잘 수 없었다. 에이미가 머무는 곳의 벽은 종잇장처럼 얇았다. 그래서 아이들이 울어 대는 소리, 부부가 싸우는 소리, 술 취한 남편이 아내를 구타하는 소리, 그 외의 온갖 소리가 쉴 새 없이 들려왔다. 그러나 그 소리조차도 온 건물에 득실거리는 쥐와 벌레들에 비하면 아무것도 아니었다. 도저히 그런 것들을 물리칠 방도가 없었다. 벌레와 쥐들을 한바탕 소탕하고 나면, 오히려 더 많은 쥐가 무슨 소동인지 보려는 듯 몰려들었다. 밤에 자다 보면 징그러운 벌레들이 에이미의 옷 속으로 기어들었고, 담요 위를 떼 지어 오르내렸다. 에이미는 쥐와 바퀴벌레들이 잠옷 속으로 들어와서 한밤중에 잠이 깨는 일이 없도록 담요를 목까지 바짝 끌어당기고서 잠을 청했다. 그러자 담요 속으로 들어오지 못한 벌레들이 방 안 여기저기를 운동장처럼 활개치며 돌아다녔다. 아침에 잠이 깨면 램프에 불을 붙이기 전에 에이미가 먼저 하는 일은 무거운 장화 한 짝을 바닥에 내동댕이치는 것이었다. 그래야만 바닥에 있던 쥐와 벌레들이 방구석이나 틈새로 달아났기 때문이다.

이끼로 뒤덮인 허름한 건물의 바깥 사정도 내부 사정과 별반 다를 바가 없었다. 일자리 없는 남자들이 문 앞에 모여 어정거리는가 하면, 술 취한 남자들이 에이미에게 소리를 지르거나 손을 붙잡으려 달려들기도 했다. 한번은 불량배들이 에이미를 뒤따라왔다. 마침 마음씨 좋은 여인이 심상치 않은 사태를 파악하고 얼른 에이미를 자기 집 안으로 들어오게 해서 문을 잠갔기에 가까스로 불량배들을 피할 수 있었다.

이러한 위험이 있었음에도 에이미는 그곳에서 살기를 원했다. 에이미는 숄리들에게 삶 속의 평강과 기쁨에 대해 끊임없이 이야기해 왔다. 하지만 이러한 불결하고 비참한 생활 속에서 정말로 행복한 그리스도인의 삶을 살아가는 것이 가능한지 확신할 수는 없었기에, 스스로 그 사실을 증명해 보이고 싶었다.

환경의 어려움과 달리, 에이미의 사역은 순조로웠다. 빈민가에 산 지 일 년이 되자, 앙코트의 제분소와 공장 일대에서 에이미를 모르는 사람이 없게 되었다. 공장에 다니는 수많은 숄리와 다른 여인들이 에이미의 성경공부 모임과 기도 모임에 참석했다.

모임들로 정신없이 바빠진 에이미는 자신을 돌볼 시간적 여유가 없었다. 식사조차도 제대로 챙기지 못했다. 그 때문인지 에이미는 병명도 밝혀지지 않은 병에 걸려 심하게 앓기 시작했다. 현대 의학이 발달하기 전인 1890년에는 많은 병의 원인이 밝혀지지 않았다. 의사가 '내장 허약증' 또는 '급성 신경통'이라고 진단한 병들은 오늘날의 위암이나 편두통을 의미할 수 있었다. 따라서 당시에는 수많은 병의 원인을 찾지 못했고, 당연히 치료 약도 없었다. 단지 기후가 좋은 곳에서 영양가 있는 식사를 하라는 처방이, 에이미에게 내려진 최선의 처방이었다.

과연 에이미에게 필요한 좋은 기후와 식사, 휴식을 위해 갈 곳이 어디란 말인가? 그 대답은 로버트 윌슨이라는 사람에게서 왔다. 그는 카마이클 가와 절친했던 사업가였고, 석탄 광산을 소유하고 있는 사람이었다. 로버트 윌슨이 카마이클 가족을 알게 된 것은 3년 전 케직 사경회를 인도하기 위해 허드슨 테일러를 동반하고 벨파스트에 들렀을 때였다. 로버트 윌슨은 성 요한 케직 교회의 목사였던 핫포드 배터스비와 함께 케직 사경회를 처음으로 시작한 사람이었다. 로버트 윌슨이 벨파스트를 방문해 있는 동안 에이미의 이모가 그를 에이미의 집에 초대했다. 그때 로버트는 에이미 가족과 친해졌고, 특히 숄리들을 위해 봉사하는 에이미의 모습에 깊은 감명을 받아서 벨파스트에 들를 때면 반드시 에이미 가족을 방문했다. 에이미의 형제자매는 그의 방문을 진심으로 기뻐했고, 그를 '할아버지'라고 부르며 좋아했다.

로버트 윌슨은 영국 레이크 가에 있는 브르튼 대저택에서 살고 있었다. 에이미가 아프다는 소식을 전해 들은 그는 에이미에게 자신의 대저택에 와서 머물라고 초대했다. 그곳에 가면 끼니마다 요리사가 영양가 풍부한 음식을 해줄 것이고, 하인들이 성심성의껏 돌봐 줄 것이며, 시골의 맑은 공기를 접할 수도 있어서 에이미의 건강이 정상으로 회복될 수 있을 터였다.

윌슨 씨의 제의는 최적의 기회였다. 단 한 가지, 이제 막 성장하기 시작한 숄리들의 모임을 떠나야 한다는 사실만 빼면 말이다. 하지만 아침마다 침대에서 제대로 일어나지조차 못하고 하루하루 야위어 가는 에이미로서는 다른 해결책이 없었다. 결국 에이미는 윌슨 씨의 초대를 받아들여, 그의 대저택으로 옮겨 갔다.

윌슨 씨 저택에서의 생활은 이전과는 너무 대조적이었다. 매일 아침 에이미가 눈을 뜨면 벽난로에서 따스한 불길이 피어올랐다. 아침에는 집에서 만든 맛있는 버터를 갓 구운 핫케이크에 발라 홍차를 곁들여 식사를 하고, 산책을 하러 나가거나 연못가에서 오리알을 주워 모았다. 그리고 밤에는 푹신한 깃털이불을 덮고 편안하게 잤다. 얼마 후 에이미의 혈색이 돌아오고 건강이 호전되었다.

환경만 바뀌었을 뿐 에이미는 여전히 에이미였다. 건강이 조금씩 나아지자 에이미는 무언가 할 일을 찾기 시작했다. 그곳에도 할 일은 무궁무진했다. 로버트 윌슨 씨에게는 계획하고 정리해야 할 일들이 항상 많았다. 케직 사경회의 의장으로서 영국제도 전역에 흩어져 있는 케직 사경회를 주관해야 할 책임이 있었기 때문이다. 또한 서신 교환도 빈번했는데, 에이미는 윌슨 씨를 대신해서 편지를 써 보내는 일을 종종 했다. 가끔씩 중요 인사들을 초청할 때는 에이미가 훌륭한 안주인 역할을 해주기도 했다. 특히 허드슨 테일러와 조지 뮬러가 방문했을 때 에이미는 기쁘게 그들을 환영했다. 그들로부터 하나님의 놀라운 역사를 듣는 기쁨은 말할 수 없이 컸다. 그리고 가는 곳마다 아이들이 그녀를 따랐다. 윌슨 씨의 대저택에 머문 지 몇 주가 지나자 에이미는 그 지역의 여자아이들을 모아서 매주 토요일 오후에 성경공부 모임을 열었다. 서재에서 성경공부를 마치고 나면 테라스에서 아이들에게 우유와 빵을 나눠 주었다. 그러고는 잔디가 넓게 깔린 정원으로 나가서 이곳저곳을 뛰어다니며 신 나게 웃고 떠들었다. 고양이를 놀려 주고 공작을 보며 감탄을 연발하다가 개를 뒤쫓거나 망아지를 타기도 했다.

여자아이들이 정원에서 즐겁게 노는 모습은 모두의 기쁨이었지만, 윌슨 씨의 두 아들, 조지와 윌리엄에게는 예외였다. 윌슨 씨의 부인은 에이미의 아버지와 같은 해에 세상을 떠났고, 외동딸 레이철은 그 전에 죽었다. 윌슨 씨의 두 아들은 이제 중년의 나이였으나 여전히 독신이었고, 윌슨 씨의 대저택에서 아버지와 함께 살고 있었다. 그들에게는 자신들만의 취향이 있었다. 에이미가 오기 전까지 대저택은 사냥과 낚시를 하고, 정치를 논하는 남자들만의 장소였다. 그렇게 고요하고 점잖은 장소를 에이미와 여자아이들이 휘저어 놓다니…. 그들은 이것을 '점령'이라고 표현하며 에이미의 행동에 불쾌감을 나타냈다. 그렇게 두 아들이 은근히 압박해 왔음에도 윌슨 씨는 더욱더 에이미를 신뢰하고 의지했다. 실제로 윌슨 씨는 에이미를 친딸처럼 대했다. 에이미와 함께 신앙에 관해 오랜 시간 대화 나누기도 하고, 에이미의 헌신을 격려해 주기도 했다.

윌슨 씨의 대저택으로 온 지 석 달이 되어 가는 어느 날, 윌슨 씨는 에이미가 완전히 건강을 되찾은 후에도 계속 머물면서 손님들을 대접하는 일과 그의 사역을 도와달라고 요청했다. 처음 그 제의를 받았을 때 에이미는 무척이나 갈등했다. 마음 같아서는 다시 빈민가로 돌아가 숄리들과 함께 있고 싶었지만, 윌슨 씨의 제의를 놓고 기도할 때마다 이상하리만치 깊은 평강이 마음속으로 스며들었다. 이유는 이해할 수 없었지만, 에이미는 하나님이 분명히 자신이 그곳에 머물기 바라신다고 생각했다.

대저택에서도 에이미는 늘 바빴다. 로버트 윌슨 씨의 두 아들은 자신들이 다니는 성서 유니온 성경공부 모임에 에이미를 '예의상' 초대했다. 모임은 매주 화요일 저녁에 열렸다. 그 모임에서 에이미는 간증을 했고, 이에 큰 감명을 받은 사람들이 앞으로 모든 모임을 인도해 달라고 요청했다. 에이미는 또한 인근 마을들을 다니며 사람들을 방문하고 모임을 열어서, 관심 있는 사람들에게 하나님의 말씀을 전했다. 그러고는 자신의 경험을 바탕으로 책을 쓰기 시작하여 〈싸움꾼

샐〉(Fighting Sall)이라는 짧은 이야기를 펴냈다. 그것은 벨파스트에 사는 한 숄리의 인생을 하나님이 어떻게 바꾸셨는지에 대한 이야기였다.

에이미는 지속적으로 윌슨 씨를 도와 케직 사경회의 운영을 돕는 한편, 정기적으로 어머니를 방문해서 모자원 일을 도왔다. 대저택에서의 바쁘고 행복한 삶이 그렇게 흘러갔다.

그러던 어느 날, 몇 년 전에 들었던 이야기가 에이미의 머릿속에 느닷없이 생생히 떠올랐다. 중국 내지 선교회를 설립한 허드슨 테일러의 말이었다. 그가 벨파스트의 첫 번째 사경회에 초청되어 말씀을 전했을 때, 에이미 역시 그 모임에 참석해 있었다. 그때 허드슨 테일러는 매시간 4천 명의 중국인들이 평생 한 번도 복음을 듣지 못한 채 죽어 간다고 말했다. 다소 충격적이긴 했지만, 에이미는 그 말을 기억 저편으로 묻어 두었다. 그런데 윌슨 씨의 대저택에서 지내던 어느 날 오후, 5년 전에 들었던 그 말이 불현듯 떠오른 것이다. 에이미는 그 생각을 쉽사리 떨쳐버리지 못했지만, 당시에는 어떻게 해야 할지 전혀 몰랐다.

1891년 1월 초, 에이미는 그 문제를 놓고 기도하기로 마음먹었다. 그러나 기도를 시작한 지 불과 몇 분이 안 되어, 머리카락이 곤두설 만큼 생생한 체험을 하게 되었다. 벨파스트의 분수대를 지날 때와 같은 아주 또렷한 음성이 마음속에 들려온 것이다. 에이미는 눈을 크게 뜨고 주위를 둘러보았다. 누군가 자신에게 "너는 가라!"고 말하는 것 같았다. 그것이 한 성경구절의 첫 부분임을 잘 알았던 에이미는 성경책을 펼쳐 들었다. 그것은 "너희는 온 천하에 다니며 만민에게 복음을 전파하라"는 마가복음의 말씀이었다.

자신이 들은 말씀이 과연 무엇을 뜻하는 것인지 에이미는 밤새 고민에 잠겼다. 에이미는 윌슨 씨가 죽기 전까지 자신이 그의 조력자 역할을 해야만 한다고 생각했다. 그런데 왜 지금 하나님은 에이미를 그토록 의지하고 있는 윌슨 씨에게서 떠나라고 말씀하시는 걸까? 그렇다면 케직 사경회와 관련된 모든 사역은 어떻게 한단 말인가? 그 모든 것들 역시 그만두어야 한단 말인가? 또 자신이 떠난다면, 어머니는 어떻게 하는가? 에이미는 밤새 잠을 이루지 못하고 온갖 생각으로 뒤척이다가, 동이 틀 무렵 하나의 결론에 도달했다. '하나님이 가라고 말씀하셨으니, 어떤 대가를 지불하더라도 갈 것이다!'

그날 아침, 그림처럼 아름다운 영국의 시골 풍경을 창밖으로 바라보면서 에이미는 책상 앞에 앉아 어머니에게 편지를 썼다. 그러나 도저히 편지를 계속 써 내려갈 수가 없었다. 그 편지를 받아들 어머니를 생각하니 마음이 아팠다. 결국 에이미는 편지 쓰기를 도중에 그만두고 말았다. 그러나 다음 날 고심을 거듭하던 끝에 편지를 완성하여 어머니에게 보냈다.

다음으로는 로버트 윌슨 씨에게 자신의 결심을 알릴 차례였다. 윌슨 씨에게 자신이 가야 할 새로운 방향에 관해 이야기하는 내내 에이미는 식은땀을 흘렸다. 친아버지와 다름 없는 윌슨 씨에게 크나큰 실망을 안겨 줄 것이 뻔하기 때문이었다. 윌슨 씨로서도 에이미를 떠나보내는 것은 슬픈 일이었지만, 하나님께 순종하겠다는 결심을 말릴 수는 없었다. 정작 놀라운 사실은 윌슨 씨가 아닌 그의 두 아들이 에이미가 떠나는 것을 극구 반대하고 나선 것이었다. 그들은 어느새 에이미와 생활하는 것에 익숙해져 있었다. 에이미 덕분에 온 집에 음악과 웃음이 가득하고, 전에 없던 생기와 활력이 흐른다는 사실을 깨달은 것이다. 또한 그들은 에이미가 데려오는 온갖 종류의 손님들도 좋아하게 되었다. 그들은 에이미가 그곳을 떠나려 한다는 데에 강한 불만을 표시했다. 그러한 불만은 케직 사경회 인도자들도 마찬가지였다. 에이미 덕에 모든 사경회가 일사천리로 운영되고 있는데, 만약 에이미가 떠난다면 윌슨 씨 혼자 그 많은 일을 어떻게 처리하겠느냐고 한결같이 우려의 목소리를 높였다.

에이미는 머릿속이 너무 복잡했다. 하나님의 뜻을 따르려는 것이 왜 그리 어려운지, 자신이 결정한 바를 다른 그리스도인들이 왜 전혀 이해해 주지 않는 건지 의문이었다. 그러나 다른 사람들의 의견에 묶여 있을 에이미가 아니었다. 하나님이 가라고 하지 않았는가? 그러나 어디로 가야 한단 말인가? 그 질문에 대한 해답은 몇 달 후에 찾을 수 있었다. 허드슨 테일러를 따라 중국으로 가기로 한 것이다!

1891년 8월 초순, 중국 내지 선교회에 선교사로 지원하기로 한 에이미는 로버트 윌슨과 함께 런던으로 향했다. 그러나 사실 이는 형식적인 절차에 불과했다. 허드슨 테일러는 이미 에이미를 잘 알고 있었고, 에이미가 선교회의 일원이 되기를 희망했다.

에이미는 중국 내지 선교회의 신입 선교사 선발을 담당하는 솔토 부인과 만났다. 솔토 부인은 에이미에게 서류 몇 장을 건네면서 작성해 달라고 부탁했다. 서류의 제일 첫 칸에는 지원자의 이름을 쓰게 되어 있었다. 옆에서 윌슨 씨가 "너의 이름을 '에이미 윌슨 카마이클'이라고 쓰면 좋겠구나. 그러면 모든 사람이 네가 나의 친딸과 다름이 없다는 사실을 알게 될 테니까"라고 충고했고, 에이미는 그의 말을 따랐다. 그리고 그 이름은 에이미의 평생 이름이 되었다.

에이미와의 면담에서 좋은 인상을 받은 솔토 부인은 에이미를 선교사로 받아 주었다. 솔토 부인은 에이미를 데리고 런던 일대를 돌아다니며 중국으로 떠날 여장을 꾸리는 데 도움을 주었다. 여러 명의 신입 선교사를 파송해 본 경험이 있는 솔토 부인은 어디에서 무엇을 사야 하는지, 양철로 된 선박용 짐 상자에 정확히 어느 정도의 물건이 들어가는지를 훤하게 꿰뚫고 있는 듯했다. 어느새 모든 채비를 마친 에이미는 이제 중국으로 항해할 날만 기다리게 되었다.

에이미는 중국 내지 선교회의 런던 본부에 머물면서 다른 여 선교사들이 도착하기만을 기다렸다. 그들이 도착하면 함께 중국으로 떠날 예정이었다. 기다리는 동안 에이미는 중국어도 약간 배웠다. 에이미는 언제든 떠날 준비가 되어 있었고, 중국 내지 선교회 또한 언제든 에이미를 파송할 준비가 되어 있었다. 모든 상황이 완료된 것 같았다. 그러나 겉으로 건강하고 활기차게 보여도, 앙코트의 빈민촌에서 얻은 질병이 완전히 낫지 않은 에이미의 몸은 여전히 허약한 상태였다. 에이미를 진찰한 의사는 고개를 가로저으며, 에이미가 과연 중국의 풍토병들을 이길 수 있을지 장담하지 못하겠다고 말했다. 그런 몸으로 뎅기열이나 장티푸스, 황열병 같은 병에 걸리면 살아남지 못할 거라고도 말했다. 의사는 에이미가 중국에 갈 수 없는 상태라고 최종 진단을 내렸고, 그것으로 중국 내지 선교회와 에이미의 인연도 막을 내렸다.

  에이미는 도로 마차를 불러 타고서 브르튼의 대저택으로 돌아왔다. 에이미로서는 다른 도리가 없었다. 물론 윌슨 씨는 에이미가 돌아온 것에 뛸 듯이 좋아했다. 에이미는 다시 예전의 생활로 빠르게 자리를 잡아 갔다. 하지만 에이미의 심정은 착잡하기 그지없었다. 도대체 무엇이 잘못된 것일까? 분명히 하나님의 뜻을 확인하고 중국으로 가려고 한 것이 아니었는가? 사랑하는 어머니와 윌슨 씨와의 가슴 아픈 이별까지 감수했건만 의사의 진단 때문에 이렇게 속절없이 주저앉아 버리다니, 도무지 이해가 되지 않았다. 에이미는 그대로 포기하고 싶지는 않았다. 방 한구석에 놓인 선박용 짐 상자를 바라보면서 에이미는 분명한 사실을 되뇌었다. '그래! 하나님이 가라고 하셨으니 어디든 가게 될 거야. 그것도 빠른 시일 안에…'.

Chapter 6

빗물인지 눈물인지

다시 윌슨 씨의 대저택으로 돌아온 지 넉 달 후에 에이미는 하나님이 일본으로 가라고 하신다는 강한 확신이 들었다. 그러나 일본에 가서 무엇을 어떻게 한단 말인가? 일본에는 아는 사람이 전혀 없었고, 그곳의 선교 사역과 관련된 것도 전혀 몰랐다.

그래도 다행히 윌슨 씨는 전 세계의 선교사들을 거의 알고 있었다. 에이미가 일본으로 가겠다는 뜻을 비치자마자 윌슨 씨의 머리에는 즉각 바클레이 벅스톤이라는 사람이 떠올랐다. 바클레이 벅스톤은 영국 교회 선교회에서 일본으로 파송

한 선교사였는데, 현재 '일본 전도 연맹'이라는 단체의 책임자로 있었다. 일본 전도 연맹은 여러 교단 소속의 선교사들이 일하고 있었기에 장로교 아일랜드 여성인 에이미를 기꺼이 받아 줄 것이라고 윌슨 씨는 장담했다.

중국 내지 선교회를 통해 허드슨 테일러가 있는 중국으로 가려다가 결국 브로튼 대저택으로 되돌아온 이후, 로버트 윌슨 씨는 에이미가 다시 예전의 생활로 돌아가 정착하리라고 기대했다. 그러나 기쁨도 잠시, 에이미가 다시 떠나려 하자 윌슨 씨는 실망하고 말았다. 그는 다소 내키지 않았지만, 펜을 들어 바클레이 벅스톤에게 편지를 써서 에이미를 선교사로 받아 줄 수 있는지 물어보았다. 무엇보다 윌슨 씨는 에이미의 건강을 무척 염려했다.

윌슨 씨는 '중국에 가지 못할 허약한 몸인데, 일본이라고 별다르겠는가? 저 몸으로 어떻게 버티겠는가?'라고 생각하며, 에이미의 결정을 이해하지 못했다. 그러나 하나님이 가라고 말씀하신 것이고, 한 번 결심한 이상 절대 돌아서지 않는 에이미임을 그는 잘 알고 있었다. 그는 또다시 에이미를 보내고 싶지는 않았지만, 최선을 다해 에이미의 새로운 계획을 추진시켜 주었다.

하나님이 일본으로 부르셨다는 강한 확신 때문에 에이미

는 바클레이 벅스톤의 답장을 한가롭게 기다릴 마음의 여유가 없었다. 중국 내지 선교회 소속의 여 선교사 3명이 3월 초순에 상하이로 떠난다는 사실을 알게 된 에이미는 그들과 합류하여 떠나기로 했다. 상하이에 도착하면, 곧바로 일본으로 가는 배를 탈 생각이었다. 에이미는 윌슨 씨에게 부탁해서, 바클레이 벅스톤 씨가 곧바로 상하이로 답장을 보내 주도록 했다. 그러면 상하이에 닿는 대로 에이미가 받아 볼 수 있을 것이다.

1892년 3월 3일, 맨체스터에서 어머니를 만나 눈물로 작별을 고한 뒤 틸베리에 도착한 에이미가 증기선 '벨레타' 호에 올랐다. 런던 부근의 템즈 강 유역이었다. 부두를 바라보며 잘 있으라고 손을 흔들고서 곧바로 이별할 수 있으리라 생각했지만, 이별은 그렇게 간단하지 않았다. 기나 긴 항해를 앞둔 터라 모든 이가 미어지는 듯한 슬픔을 느끼고 있었다. 그런 항해 길에 올랐다가 다시는 돌아오지 못하고 세상을 떠난 사람이 많았기 때문이다. 선박이 침몰될 수도 있었고, 병에 걸릴 수도 있었으며, 그 외의 온갖 위험이 머나먼 타국에서 그들을 기다리고 있었다. 그래서 때로는 작별이 마치 장례식처럼 되기도 했다. 로버트 윌슨 씨는 기어이 에이미를 부두까지 데려다 주겠다고 고집했다. 배 위에서 에이미는 부두를 바라보며 윌슨 씨에게 손을 흔들었다. 배웅 나온 사람들이 에이미와 다른 여 선교사들을 위해 케직 찬송가를 불러 주자, 에이미의 두 눈에서도 하염없이 눈물이 흘러내렸다. 드디어 배가 부두를 떠나 서서히 템즈 강을 빠져나갔다. 이제 로버트 윌슨 씨의 모습도 가물가물 멀어져 갔다. 에이미에게는 슬픔과 안도감이 교차하는 순간이었다. 이제 윌슨 씨를 생전에 또다시 만날 수 있을지 알 수 없었다.

벨레타 호가 템즈 강을 따라 유유히 나아가는 사이, 로버트 윌슨 씨의 모습이 다시 한 번 눈에 들어왔다. 사랑하는 에이미를 마지막으로 다시 한 번 보기 위해 재빨리 강변을 달려온 것이었다. 에이미가 탄 배는 윌슨 씨가 서 있는 강둑에 근접해서 항해했기 때문에, 에이미와 윌슨 씨는 서로 큰 소리로 말을 주고받을 수 있었다. 그들은 성경말씀을 주고받으며 서로 격려했다. 에이미가 슬픔에 복받쳐 할 말을 잃은 사이 배는 강 중앙의 항로에 올랐고, 또다시 윌슨 씨의 모습이 멀어져 갔다.

드디어 에이미는 해낸 것이다! 하나님의 부르심에 순종하기 위해 에이미는 사랑하는 어머니, 그리고 아버지 같은 윌슨 씨를 떠났다. 후에 에이미는 자신의 일생에서 가장 힘들었던 때는 바로 그 순간이었다고 회고했다.

벨레타 호에서의 선상 생활도 어느덧 자리가 잡혔다. 비록 뱃멀미를 하긴 했지만, 그래도 다른 승객들보다는 훨씬 나았다. 에이미는 그곳에서도 또다시 일에 뛰어들었다. 일주일 만에 에이미는 선미루 갑판에서 오전 성경 읽기 모임을 열기도 하고, 담화실에서 주일예배를 드리기도 했다. 에이미와 중국 내지 선교회 소속의 여 선교사 한 명은 성경공부 모임을 시작했는데, 곧 그 배에 승선한 여러 승객과 선원들의 관심을 모았다. 그런 사람 중에는 진리를 찾아 떠돌던 상류층 인도 남자, 소토우에 사는 중국인 여성, 서인도 회사의 사탕수수 농장에서 일하려고 노예가 된 가난한 인도 남자, 그리고 중국인 유모가 있었다.

지중해로 들어선 벨레타 호는 아프리카 북부 연안으로 항해를 계속했다. 그동안 에이미는 다른 승객과 선원들에게 전도할 기회를 얻을 수 있었다.

벨레타 호는 포트 사이드에서 수에즈 운하를 지나 홍해를 따라 남쪽으로 내려간 후에 인도양으로 향했다. 마침내 실론(현 스리랑카)의 콜롬보에 도착하자, 배에 타고 있던 모든 사람이 기쁨의 환호성을 질렀다.

중국으로 가는 세 명의 여 선교사는 상하이로 떠나는 다른 배에 옮겨 타기 전에 콜롬보에서 며칠 동안 머물렀다. 에이미도 그곳에서 케직 사경회와 연관이 있는 몇 명의 선교사를 방문했다.

마침내 에이미는 상하이로 가는 증기선 '수틀레이'호에 몸을 실었다. 벨레타 호와는 달리 수틀레이 호에는 쥐와 바퀴벌레들이 득실거려 항해가 악몽과 같았다. 에이미로서는 앙코트 빈민촌의 끔찍한 기억이 되살아나는 듯했다. 그러나 에이미는 불평 대신에 커다란 도화지에다 "범사에 감사하라"는 말씀을 크게 적어서 침대 위에 붙여 놓고는 매일 밤 자기 전에 그 말씀을 되풀이해 읽었다.

에이미는 그 말씀대로 살았음이 분명하다. 왜냐하면 그 배의 선장이 항해하는 동안 에이미를 보며 큰 감화를 받았기 때문이다. 선장은 자신의 배에서 그렇게 밝고 긍정적인 태도를 보이는 사람은 에이미가 처음이라고 털어놓았다. 그는 에이미에게 신앙에 대해 몇 번 물어보더니, 마침내 자신도 에이미처럼 기독교인이 되기로 했다고 사람들 앞에서 얘기했다. 물론 에이미의 기쁨은 이루 말할 수 없었다. 선장은 선장실 벽에 붙여 두고 싶으니 도화지에 성경말씀을 적어 달라고 에이미에게 부탁했다. 당연히 에이미는 두말없이 응했다. 선장은 그렇게 해서 배에 있는 모든 사람에게 자신의 신앙을 공표하고 싶었다.

항해는 생각보다 어려웠다. 그나마 선장이 기독교인이 된 사실이 유일한 위안이 되어 주었다. 고된 항해 끝에 배가 양쯔 강에 이르렀고, 다시 황푸 강을 따라 상하이 부두에 정박했다. 에이미도 상하이에 내려 중국 내지 선교회 선교사들과 함께 머물렀다. 상하이에는 바클레이 벅스톤이 보낸 답장이 도착해 있었다. 편지에는 에이미를 일본 전도 연맹에 받아들이겠다는 것과 일본의 시모노세키 항에 도착하면 누군가 마중을 나갈 것이라는 내용이 적혀 있었다.

상하이에 잠시 머문 후에 에이미는 다시 증기선 '요코하마 마루' 호를 타고 일본으로 가는 마지막 항해 길에 올랐다. 그러나 항해 도중 배가 사나운 태풍에 휘말렸다. 배는 이미 시모노세키 항 근처에 다다랐지만, 너무도 극심한 태풍 때문에 항구에 다가가기가 불가능했다. 다행히 작은 예인선이 폭풍우와 파도를 뚫고서 요코하마 마루 호로 다가왔다. 두 배는 승객들을 기중기에 매달아, 차례차례 작은 예인선으로 옮겨 놓았다.

모든 선객이 예인선으로 옮겨 탔지만, 예인선의 항해는 요코하마 마루 호에서보다 더 손에 땀을 쥐게 했다. 작은 예인선이 태산 같은 파도를 따라 수없이 오르내렸다. 금방이라도 배가 뒤집힐 것 같았다. 한동안 아슬아슬한 곡예 같은 항해가 이어졌지만, 마침내 배는 항구에 다다랐고 에이미는 일본의 단단한 땅에 발을 디딜 수 있었다. 지구의 반을 돌아 안전하게 목적지에 이른 것이었다. 닷새 동안의 뱃멀미로 지친 에이미는 옆에 놓인 자신의 짐 상자 위에 털썩 주저앉아, 자신을 마중 나온 선교사가 있는지 주위를 둘러보기 시작했다.

쏟아지는 빗속에서 에이미를 주시하는 동양인들의 눈길이 느껴졌다. 에이미는 사람들의 시선은 별로 개의치 않았다. 분명히 에이미의 모습은 사람들에게 희한한 구경거리였을 터였다! 펠트 모자가 비에 흠뻑 젖어 버린 바람에 물방울이 귀 옆으로 줄줄 흘러내리고 있었고, 속옷까지 완전히 비에 젖은 상태였다.

세찬 비는 그칠 줄 모르고 계속 내렸다. 그러나 마중 나오기로 되어 있는 선교사의 모습은 그 어디에도 보이지 않았다. 에이미는 약간 불안한 기색으로, 혹시 주위에 백인이 있는지 둘러보았다. 그러나 백인은 단 한 명도 보이지 않았다. 세찬 바람이 윙윙대며 에이미의 귓전을 스쳤다. 에이미는 있는 힘껏 목청을 높여 "Does anyone speak English?"(영어를 할 줄 아는 사람이 없나요?)라고 소리를 질렀다. 몇 명이 킥킥대며 웃는 소리만 바람을 타고 들려올 뿐 아무런 응답이 없었다. 사람들은 에이미가 알아들을 수 없는 말로 서로 웅

성거리고 있었다. 에이미는 다시 큰 소리로 "My name is Amy Carmichael! Can anyone help me!"(제 이름은 카마이클입니다. 저를 좀 도와주세요!)라고 외쳤다. 그러나 여전히 아무런 응답이 없었다. 문득 에이미는 자신의 모습이 너무도 우습다는 생각이 들었다. 지구의 반을 돌아 겨우 일본에 도착했건만, 쏟아지는 폭우 속에서 어디로 가야 할지 모른 채 바보같이 소리만 지르고 있다니! 슬그머니 웃음이 나왔다. 생각할수록 우스워서, 나중에는 눈물이 나올 정도로 배를 잡고 웃었다. 빗물인지 눈물인지 모를 물줄기들이 에이미의 볼에서 한없이 흘러내렸다.

그런데 에이미가 웃음을 그칠 즈음, 어떤 일본인 남자 두 명이 다가와 일어나라는 손짓을 했다. 그들은 에이미의 가방을 갈고리에 꿰더니 대나무에 매달았다. 그러고는 대나무 양 끝을 자신들의 어깨에 메더니, 에이미에게 따라오라는 시늉을 했다. 에이미는 일본인 남자들을 따라 걸었고, 그들은 빠른 일본어로 뭐라고 얘기를 주고받았다. 그들은 부두를 따라 어느 정도 걷다가 모퉁이를 돌아, 어느 거리로 나갔다. 쏟아지는 비가 시야를 가려, 거리가 제대로 보이지 않았다. 게다가 길 여기저기에 물웅덩이가 패여 있었고 진흙탕이 만들어져 있었다. 그래서 모든 신경을 곤두세워 걸어야만 했다.

몇백 미터를 계속 걸어가니까 한 건물이 나왔다. 남자들이 그 건물 안으로 들어갔다. 그중 키가 작은 남자가 에이미에게 앉을 것을 권했다. 방 안에는 돗자리가 펴져 있었다. 에이미가 바닥에 앉자 두 남자는 고개를 숙인 후에 다시 밖으로 나갔다. 에이미는 다리를 구부리고서 혼자 방바닥에 앉아 있었다. 별로 편안하지는 않았지만, 최소한 비는 피할 수 있어 좋았다. 에이미는 방을 둘러보았다. 벽에 얇은 종이가 발라져 있었고, 가구는 하나도 보이지 않았다.

거의 반 시간이 지났을 무렵, 아까 본 남자 중 한 사람이 다시 나타나 따라오라는 몸짓을 했다. 밖에 나가 보니, 일본어로 '구루마'라 불리는 인력거가 한 대 있었다. 에이미는 상하이에서 인력거를 보긴 했지만, 타 본 적은 없었다. 인력거에 타자 방향을 틀 때마다 큰 수레바퀴가 덜컹거렸고, 에이미의 몸이 이리저리 흔들렸다. 모든 뼈마디가 부딪쳐 흔들리는 듯한 느낌이 들었다. 바람이 세차게 몰아쳤기 때문에 에이미의 치마가 휘날렸다. 어깨에 두른 숄이 폭풍우를 막아 주기라도 하는 것처럼 에이미는 숄을 더 바짝 잡아당겼다.

마침내 구루마가 어떤 집 앞에 멈추어 섰다. 인력거꾼이 손잡이를 아래로 내려놓고 에이미의 짐 상자를 내려놓았다. 그곳이 어디인지는 몰라도 목적지에 온 것 같아 에이미도 인력거에서 내렸다. 에이미가 구루마에서 내리자 인력거꾼이 고개를 숙여 인사를 한 후에 인력거를 끌고 다시 빗속으로 총총히 사라졌다.

에이미는 눈앞에 보이는 집으로 다가가서 대문을 두드렸다. 현관문을 열어 주는 사람이 백인임을 확인한 에이미는 크게 안도의 한숨을 내쉬었다. 반면, 문을 열어 준 백인 남자는 폭우가 쏟아지는 가운데 흠뻑 젖은 몸으로 자기 집 대문 앞에 서 있는 낯선 백인 여인 때문에 흠칫 놀라는 듯했다. 그는 우선 에이미에게 안으로 들어오라고 권한 뒤 따끈한 홍차를 대접했다. 감사하게도 그는 영어로 말을 걸어왔다(비록 미국식 영어이기는 했지만). 그런데 안타깝게도 그는 선교사가 아니라 무역 상인이었다.

에이미는 뜨거운 홍차를 홀짝이면서, 자신이 그 집의 대문에 서 있게 된 배경을 이야기했다. 에이미의 말이 다 끝나자 남자가 껄껄 웃음을 터뜨렸다. 에이미가 워낙 재미있게 묘사했기 때문에 결국 두 사람은 배꼽을 잡고 한참이나 웃었다.

남자는 2명의 선교사가 사는 곳을 알고 있다고 했다. 그들의 이름은 모르지만, 아마 에이미가 찾고 있는 사람들이 틀림없을 거라고 했다. 만약 아니라면 적어도 에이미가 누구를 찾아가야 할지라도 알고 있을 터였다. 그 남자는 인력거를 한 대 불러서 목적지가 어디인지 일본어로 일러준 뒤, 에이미에게 인사를 건넸다. 인력거꾼은 에이미를 데리고 어디론가 달리기 시작했다. 이번에야말로 에이미도 최소한 자신이 어디로 가는지 알 수 있었다.

남자가 일러준 선교사들의 집에 도착해 보니, 바로 그곳에 에이미가 찾던 사람들이 있었다. 그들은 에이미를 마중 나가기로 한 다른 선교 지부 선교사를 기다리는 중이었다. 그가 아직 도착하지 않았기 때문에 당연히 부두에 에이미를 마중 나온 사람이 아무도 없던 것이었다. 아마 그 역시 태풍 때문에 제시간에 시모노세키 항에 도착하지 못한 것 같았다.

선교지에서의 첫날이 그렇게 흘러갔다. 여정은 비록 순탄치 않았지만, 그날의 상황을 통해 에이미는 매우 귀중한 교훈을 배울 수 있었다. 설령 일이 계획대로 되지 않고 틀어지더라도 하나님이 얼마든지 바로잡고 도와주신다는 사실을 깨달은 것이었다. 에이미는 인력거를 불러서 자신이 미국 상인의 집에 도착할 수 있게 해준 두 일본인 남자를 생각해 보았다. 그들을 찾아가서 감사하다는 말을 건네고 인력거 비용도 갚고 싶었지만, 그럴 방법이 전혀 없었다. 미국인 상인도 마찬가지였다. 하나님의 손길이 함께한 덕분에 생전 처음 보는 사람들이 에이미를 도와주었고, 그 덕분에 에이미는 목적지까지 무사히 올 수 있었다.

요코하마 마루 호에서 내려 선교 지부를 찾기까지 여섯 시간 동안 에이미는 내내 젖은 옷만 입고 있어야 했다. 에이미는 마침내 마른 옷으로 갈아입을 수 있어서 감사했다.

그곳의 선교사들과 맛있는 요리를 마음껏 먹은 후 에이미는 잠자리에 들었다. 잠들기 전 에이미는 잠시 일어나서 일본에서의 첫날에 관한 이야기를 일기장에 적었다. 그러고는 이렇게 끝을 맺었다. "내 생애에 오늘 아침처럼 우습고 재미있던 적은 없었던 것 같다."

다음 날은 구름이 잔뜩 끼어 있었지만, 비는 오지 않았다. 에이미는 한 여 선교사와 함께 해변을 산책하러 나갔다가 실망스럽고도 슬픈 이야기를 듣게 되었다.

에이미는 선교지에서 하고 싶은 일과 희망에 관해 이야기를 나누며, 믿지 않는 현지인들 때문에 어려움을 겪게 된다 하더라도 다른 선교사들이 언제나 도움을 줄 것을 생각하면 마음이 든든하다고 말했다. 그러자 동행하던 여 선교사가 발걸음을 멈추더니 에이미를 쳐다보았다. 여 선교사는 의아한 표정을 지으며 "설마 모든 선교사가 진정으로 서로 사랑한다고 생각하는 것은 아니겠지요?"라고 물었다. 언젠가는 에이미도 실상을 알게 될 것이라는 듯 여 선교사는 허탈한 웃음을 지었다.

에이미는 할 말을 잃었다. 선교사들이 서로 사랑하는 것은 당연한 일이 아닌가? 예수님은 그리스도인들에게 서로 사랑하라고 명령하지 않으셨던가? 이 여 선교사는 도대체 무슨 뜻으로 이 말을 하고 있는 것일까? 그렇다면 선교사들도 신앙 없는 사람들처럼 하나님의 명령과 상관없는 삶을 살고 있다는 말인가? 그럴 리가 없다. 에이미는 자신의 귀를 의심했다. 그날 밤 잠들기 전에 에이미는 오랫동안 하나님께 기도했다. "주님, 우리를 사랑하시는 것 같이 항상 다른 사람을 사랑하도록 도와주십시오. 나를 사랑하지 않는 사람이라도 사랑하는 법을 가르쳐 주십시오." 그 기도대로 하나님은 에이미가 일본에 머무는 열다섯 달 동안, 사랑하는 법을 쉬지 않고 가르쳐 주셨다.

Chapter 7

비장한 결심

 1893년 5월 1일, 에이미는 자신의 사역지가 될 마쓰이 마을에 도착했다. 그곳에 도착하자마자 일본 전도 연맹의 책임자인 바클레이 벅스톤과 다른 선교사들이 에이미를 반갑게 맞아 주었다. 에이미도 그들을 만나게 되어 무척이나 기뻤다. 에이미는 벅스톤 씨의 집에서 함께 묵기로 했다. 에이미의 방에서는 눈 덮인 산이 내다보였다. 에이미는 자신의 방이 무척 마음에 들었다. 벅스톤 씨의 세 자녀는 이내 에이미를 졸졸 따라다녔다.

 마쓰이에 머무는 석 달 동안, 에이미는 2개의 전혀 다른 세계 속에서 살았다. 벅스톤 씨의 집 안에 들어서면 곧바로 영국이 펼쳐졌다. 바클레이 벅스톤은 사회적 지위와 부를 갖춘 사람이었다. 일본에 있는 선교사들은 대개 자녀를 영국에 보내 교육시켰지만, 벅스톤 씨는 아이들을 공부시킬 가정교사를 일본까지 데려왔다. 그래서인지 그 집에서의 일과는 당시 여느 영국의 상류층 가정과 다를 바 없었다.

7시 반이면 다 같이 아침을 먹고, 함께 아침 기도를 드렸다. 그리고 아이들은 가정교사와 함께 공부하고, 에이미는 일본어를 공부했다. 오전 다과를 든 후에 나머지 공부를 하고 나면, 따끈한 점심 정찬이 기다리고 있었다. 그 집에서 요리되는 대부분 재료는 영국에서 갖고 온 것이었기에, 브르튼 대저택에서 먹었던 요리와 조금도 다를 바가 없었다. 연유, 깡통에 든 고기, 그리고 영국 홍차까지 갖추어진 식사였다.

이처럼 일본 전도 연맹에 속한 선교사들은 여전히 영국식을 고수했다. 하지만 주일은 예외였다. 일본인들은 집 안에 들어갈 때마다 반드시 신발과 모자를 벗고 들어갔기 때문에, 선교사들 역시 교회에 들어갈 때는 비록 영국 옷을 입고 있더라도 신발과 모자를 벗었다. 영국 여자들은 사람들 앞에서 신발을 벗는 일을 마치 옷을 벗는 일처럼 수치스럽게 여겼지만, 할 수 없는 노릇이었다. 일본인 그리스도인들의 눈에 무례하게 보이지 않기 위해서 그들은 일본의 격식을 따랐다.

한편, 벅스톤 씨의 집 문 앞을 한 발짝만 나서도 모든 것이 완전히 이국적이었다. 종일 걸어 다녀도 영어 한마디 들을 수 없었고, 영어 글자조차 볼 수 없었다. 일본인들이 대접하는 음식도 사뭇 색달랐다. 그들은 온갖 희한한 재료들로 국을 끓였다. 미역이나 연근, 소라 등 영국 사람이 처음 보는 것들이 많았다.

벅스톤 씨의 집을 벗어나면 마을 사람들과 속 시원히 얘기를 나눌 수 없다는 사실이 에이미를 답답하게 만들었다. 열심히 일본어를 공부했지만, 빨리 늘지가 않았다. 그러나 이번에도 에이미 특유의 성격이 빛을 발했다. 에이미는 결코 언어가 유창해질 때까지 전도를 미루지는 않았다. 하루라도 빨리 일본 사람들을 만나서 말을 걸고 싶었다. 이 문제를 놓고 매일 재촉한 끝에 벅스톤 씨는 에이미의 통역과 언어 지도를 맡아 줄 일본인 한 사람을 구해 주었다. 마사키라는 일본인 여인이었다. 마사키는 그리스도인이자 유능한 통역자였기 때문에 일본인들의 생활과 전통, 불교 신앙에 관해 에이미에게 많은 것을 가르쳐 주었다.

에이미는 마사키가 입고 다니는 일본 전통 의상을 찬찬히 바라보았다. '기모노'라고 불리는 아름다운 긴 치마를 입고

'오비'라고 부르는 큰 장식띠를 허리에 둘렀으며, '게다'라는 나막신을 신고 있었다. 머리는 감아서 틀어 올렸을 뿐 모자를 쓰지는 않았다.

에이미는 마사키가 입고 있는 일본식 전통 의상과 자신이 입고 있는 옷을 비교해 보았다. 에이미는 세 겹의 흰색 페티코트 위에 면 드레스를 입고, 보닛 모자를 바짝 조여 썼으며, 긴 양말에 레이스가 달린 신발을 신고 있었다. 에이미는 마사키가 입고 다니는 기모노가 훨씬 더 편안하고 값도 저렴하며 사람들의 시선을 덜 끌 것 같다고 생각했다.

그러던 어느 추운 겨울날이었다. 그날 에이미는 두꺼운 울 코트에 털장갑을 끼고 있었다. 그날 에이미는 마사키와 함께 어떤 나이 든 여인을 방문하여 하나님의 복음을 열심히 설명했다. 그러나 여인은 좀처럼 에이미의 말에 귀 기울이지 않았다. 그런데 에이미가 말하는 중간에 갑자기 여인이 손을 내밀더니 에이미의 손을 잡는 게 아닌가. 여인은 장갑을 벗으라는 시늉을 했고, 에이미는 장갑을 벗어 주었다. 여인은 장갑을 들고 한동안 이리저리 뒤집어 보다가 자신의 손에 껴 보았다. 그날 에이미와 마사키는 장갑에만 신경을 쓰는 그 여인에게 도저히 전도를 계속할 수가 없었다.

그 여인의 집을 나와서 벅스톤 씨의 집 문 앞에 다다른 에이미의 표정은 왠지 비장해 보였다. 방금 중대 결심을 내렸기 때문이다. 에이미는 '이제 영국 의상은 끝이다! 나는 영국에서 지구의 반을 돌아 이곳으로 왔다. 지금 나는 일본에 있다. 그러니 일본인의 의상을 입는 것이 마땅하다'고 되뇌고 있었다. 만일 에이미가 일본 옷을 입고 있었더라면 그 여인이 에이미의 말에 귀 기울였을지도 몰랐다. 일본인을 전도하는 일에 방해가 된다면, 에이미는 두 번 다시 영국 옷을 입지 않을 작정이었다.

바클레이 벅스톤은 에이미가 하는 말을 이해해 주었다. 그리하여 에이미는 일본 전도 연맹의 선교사 중에서는 처음으로 일본 옷을 입은 선교사가 되었다. 에이미는 푸른색 바탕에 밝은 녹색 무늬가 들어간 기모노를 골랐다. 푸른색은 에이미가 좋아하는 색상이었다. 기모노의 옷깃에는 'God is Love'(하나님은 사랑이시라)라는 문구를 수놓았다. 에이미는 일본 여인들처럼 기모노를 입고, 진한 밤색 머리를 틀어 올렸다. 그러니 멀리에서 보면 도무지 외국 사람이라고는 눈치채지 못할 정도로 일본인같이 보였다. 문제는 신발이었다. 에이미는 뒷굽이 높고 딱딱한 나막신을 신고 걷는 것이 영 불편했다. 아무리 중심을 잡아도 앞으로 고꾸라질 것만 같았다. 그래서 나막신 대신에 낮은 굽의 검은색 샌들을 신기로 했다. 그 샌들은 '조리'라고 불렸는데, 일본 옷에도 잘 어울리고 집 안을 드나들 때 신고 벗기도 편했다.

이제는 아무리 길을 걸어도 더는 일본인들이 에이미를 빤히 쳐다보지 않았다. 사람들의 따가운 시선에서 해방된 기쁨은 이루 말할 수 없이 컸다.

어느 날 오후, 에이미는 혼자서 밖으로 외출했다. 이제 에이미는 어느 정도 간단한 일본어로 사람들과 말을 주고받을 수 있었다. 에이미는 어른보다 아이들과 얘기하기를 좋아했다. 말을 하다가 실수해도 아이들 앞에서는 덜 창피했기 때문이다. 한참을 걷던 에이미는 어느 집 앞에서 놀고 있는 대여섯 살 정도의 여자아이를 발견했다. 에이미는 발을 멈추고 서서 그 아이에게 하나님을 아느냐고 물어보았다. 아이는 자신 있게 "예"라고 대답했다. "저는 오늘 밤에 마술 사진 공연을 보러 갈 거예요. 외국 사람들이 하나님을 보여 주겠다고 말했어요."

여자아이는 입가에 웃음을 띠면서 거리를 깡충깡충 뛰어갔다. 멀어져 가는 여자아이의 뒷모습을 물끄러미 바라보면서 에이미는 그 아이가 방금 한 말이 무슨 의미인지를 생각했다. 일본인들은 수많은 신을 섬기고, 신상들을 숭배했다. 어떤 사람들은 신상을 단지 신의 형상으로만 보지 않았다.

그 자체를 신으로 생각했다. 선교사들이 보여 주는 예수님 그림을 보고 그 아이는 그것을 진짜 신으로 여겼을지도 몰랐다. 혹시 하나님이 단지 그림에 불과하다고 여기는 것은 아닐까? 에이미는 천천히 집으로 걸어오면서 아이가 한 말을 곰곰이 되새겼다. 예수님의 그림은 신이 아니며, 따라서 신비한 힘도 없다는 사실을 일본인들에게 어떻게 알려 주어야 할까? 말도 못하고 사랑할 수도 없는 단지 그림에 불과하다는 사실을….

에이미도 예수님의 그림들을 좋아했고 몇 개를 방에 걸어 두기도 했지만, 그림은 단순히 예수님의 형상을 나타낸 것일 뿐 숭배의 대상은 아니었다. 이교도의 문화에서 자란 일본 사람들에게 어떻게 그러한 사실을 이해시킨단 말인가?

집에 도착할 무렵, 에이미는 생각을 정리하고 나름대로 결론을 맺었다. 이제 다시는 예수님의 그림을 사용하지 않기로 한 것이다. 예수님의 그림을 이용해서 복음을 설명하는 것이 일본어가 유창하지 못한 선교사들에게 도움이 되기는 했지만, 하나님에 대한 오해를 불러일으킨다면 굳이 사용할 이유가 없었다.

예수님 그림을 사용하지 않겠다는 결심을 요란하게 떠들고 다니지는 않았지만, 다른 선교사들은 에이미가 더는 예수님 그림을 들고 다니지 않는다는 사실을 눈치챘다. 이유를 물어보자 에이미는 자신의 결심을 얘기했고, 많은 선교사가 에이미의 관점을 이해했다.

에이미가 여자아이를 만난 지 몇 주 후, 일본 전도 연맹의 많은 선교사가 더는 예수님 그림을 사용하지 않기로 했고, 대신 사람들에게 성경 이야기를 들려주었다. 그러자 '선교사는 하나님을 보여 주는 사람들'이라는 일본인들의 인식도 달라지기 시작했다.

에이미가 마쓰이에 온 지 석 달 만인 8월, 아리마 마을에서 선교사 총회가 열렸다. 영국의 케직 사경회를 연상시키는 그 모임에서 에이미는 모처럼 뜻깊은 시간을 보냈다. 다른 선교사들도 만나 볼 수 있는 좋은 기회이기도 했다. 그러나 많은 사람 속에 있으면서도 에이미는 외로움을 느꼈다. 일본에 온 후로 에이미는 정말 많은 사람을 알게 되었지만, 그러나 바클레이 벅스톤 부부처럼 친밀한 관계를 맺고 있는 이들이 정말 부러웠다. 에이미는 진지하게 결혼을 고려하고 있었다. 남편이 있고 자녀가 있다면, 낯선 선교지에서 그토록 외롭지 않으리라는 생각이 들었기 때문이다.

이런 생각을 하면 할수록 에이미는 자신이 독신으로 점점 나이가 들어갈 사실이 두려워졌다. 친동기들도 이미 결혼을 했는데, 자신이라고 평생 독신으로 살아야 할 이유가 어디에 있단 말인가?

결혼 문제로 생각이 복잡해지고 고민에 빠지자 에이미는 아리마 마을 부근의 한 동굴을 찾아가 기도하기 시작했다. 몇 시간 동안 솔직하게 자신의 외로운 심정을 하나님께 털어놓고 나서 결혼을 해야 할지 묻고 기도하는 중에 잔잔한 평강이 가슴속으로 스며들었다. 그리고 마음속에 다음과 같이 말씀하시는 하나님의 음성이 들려왔다. "나를 믿는 자는 누구도 외롭지 않을 것이다."

에이미는 하나님의 말씀에 감사해 하며 동굴에서 나왔다. 에이미는 이제 해답을 얻었다. 에이미는 자신이 평생 결혼하지 않고 아이도 없이 독신으로 살게 되리라는 사실을 깨달았다. 그러나 하나님은 에이미가 절대로 외롭지 않을 것이라고 약속해 주셨다. 만약 그 순간 에이미의 눈앞에 훗날 에이미를 '엄마'라고 부르며 따를 수많은 어린이와 자신을 사랑하며 아껴 줄 동역자들이 보였다면, 손뼉을 치며 기뻐했을 것이다. 실제로 에이미는 그 이후로 한 번도 외로움으로 고민하지 않았다!

또다시 석 달이 지나 11월이 되었다. 에이미는 전도여행을 하기로 마음먹었다. 바클레이 벅스톤과 그 점을 논의한 결과 마사키와 함께 히로세라는 마을을 방문하기로 했다. 히로세는 사람들이 많이 사는 큰 마을에 속했지만, 주민 전체가 불교를 신봉하고 있었다. 그리스도인으로 알려진 사람은 겨우 9명뿐이었다.

전도여행을 떠나기 전에 에이미와 마사키는 하루 동안 하나님께 기도드렸다. 기도를 마칠 무렵 에이미는 하나님이 그 마을에 한 사람의 개종자를 예비해 두셨다는 확신을 받을 수 있었다.

히로세에 사는 그리스도인들이 에이미와 마사키를 자신들의 집에 머물게 해주었다. 불교 신자인 한 젊은 여인이 에이미의 얘기를 들으러 왔다. 그 여인은 비단 짜는 일을 하고 있었는데, 하나님에 대해 듣기 위해 그날 벌이를 포기하고 온 것이었다. 여인은 에이미와 마사키의 이야기를 열심히 듣고 있더니, 하나님을 믿겠다고 자청했다. 하나님의 약속대로 한 사람의 개종자를 얻은 것이다!

4주 후, 히로세 마을을 다시 방문해야겠다고 생각한 에이미는 마사키와 하루 동안 기도를 했다. 그런데 이번에는 하나님이 2명의 개종자를 허락하실 것이라는 확신이 들었다. 에이미는 그 얘기를 마사키에게 나누고 더 열심히 기도한 뒤에 인력거를 잡아타고서 히로세 마을로 갔다.

하나님의 약속대로, 그곳에서 에이미는 그리스도인이 되고자 마음먹은 사람을 만났다. 4주 전에 에이미의 전도로 그리스도인이 된 비단 짜는 여인이 자신의 동료에게 전도를 한 것이었다. 마을에 도착한 날 저녁에 에이미는 어떤 나이 든 여인에게 전도해서 그 여인 역시 주님을 영접하게 되었다. 한 달 만에 히로세 그리스도인이 9명에서 12명으로 늘어난 것이었다.

그들은 에이미에게 히로세를 조만간 다시 방문해 달라고 간곡히 부탁했다.

에이미는 2주 후에 다시 그 마을로 갔다. 이번에는 4명의 개종자를 얻으리라는 하나님의 약속이 있었다. 지난번 때와 마찬가지로 이번에도 사람들을 모으고 말씀을 들려줄 계획이었다. 그러나 아무도 에이미의 이야기를 들으러 오지 않았다. 날씨가 너무 추워서 밖에 나오려 하는 사람이 전혀 없었던 것이다. 그래도 에이미는 분명히 새로운 개종자가 생길 것이라고 믿었다. 단지 그들이 누구인지 모를 뿐이었다.

한편, 히로세 마을의 그리스도인들은 에이미가 지난번에 방문했을 때 복음을 너무 고지식하게 전해서 무리가 생겼다고 생각했다. 에이미는 원래 불교 신자였던 비단 짜는 여인에게 집 안의 불상을 태워 버릴 것을 권했다. 그런데 그리스도인들은 에이미가 일본의 문화를 이해하지 못하고 있으며, 그리스도인이라도 집에 불상 한두 개쯤 놓아두는 것은 별로 나쁜 일이 아니라고 말했다. 그들은 불상이 어떤 해를 끼치는 것이 아닐뿐더러, 불상을 태우라고 하면 불교 신자들이 아무도 개종하려 들지 않을 것이라고 주장했다. 그들은 에이미가 자신들의 현명한 충고를 십분 이해해 주리라 생각했지만, 에이미는 그들의 말에 전혀 동요하지 않았다. 불상이나 우상은 마땅히 버려야 한다고 믿었고, 이의를 제기하는 사람에게는 누구든 그렇게 얘기했다.

일본인 그리스도인들은 한심하다는 표정을 지었다. 그들은 이제 사람들이 에이미의 말에 관심을 두지 않으리라고 생각했다. 그들은 내키지 않는 심정으로 에이미를 위해 전도 집회를 마련해 주었다. 그들의 예상대로 모임에 온 사람들은 어느 누구도 에이미의 얘기에 별 관심이 없어 보였다. 모두 무표정한 얼굴로 에이미만 쳐다보면서, 모든 얘기를 귓등으로 흘려버리는 것 같았다. 에이미의 기대가 실망으로 바뀌려는 순간, 갑자기 방안이 조용해지더니 한쪽 구석에 앉아 있던 여인이 입을 열었다. "저는 예수님을 영접하겠어요."

모임이 끝나고 사람들이 돌아가자 에이미는 그 여인과 얘기를 나누었다. 그때 그 여인의 아들이 방에 들어왔다. 에이미의 말을 막으려는 줄 알았으나, 그는 옆에 조용히 서서 에이미의 말을 경청했다. 에이미의 얘기가 끝나자 여인과 함께 그 아들도 그리스도인이 되겠다고 했다. 에이미는 신이 났다. 어머니와 아들이 함께 신앙생활을 하면 서로 도움을 줄 수 있을 것이기 때문이었다. 에이미는 그 2명의 개종자를 다른 그리스도인들에게 소개해 준 뒤 잠을 자러 가기 위해 길을 가다가, 모임에 오지 않은 어떤 그리스도인의 집에 들르게 되었다. 에이미 일행을 보자마자 주인 남자가 반색을 하며 맞이했다. "오셔서 정말 기쁩니다. 마침 저희 집에 하나님을 믿고 싶다고 하는 사람이 와 있습니다."

에이미는 그 사람에게 전도했고, 그는 세 번째 개종자가 되었다. 그렇다면 네 번째 개종자는 어디에 있을까?

점점 추위가 심해지고 날이 어두워졌으므로, 사람들이 집으로 돌아갈 채비를 했다. 에이미는 그들에게 혹시 기독교에 관심 있는 사람을 누구든 알고 있느냐고 물었다. 한 남자가 고개를 끄덕이더니 "알고 있지요. 바로 제 아내입니다"라고 말했다. "아내는 자기도 '예수쟁이'가 되고 싶다고 했답니다. 하지만 지금은 볼일이 있어 다른 마을에 갔기 때문에 일주일이나 있어야 돌아올 겁니다."

에이미는 고개를 갸웃거렸다. 분명히 이번에는 4명의 개종자를 약속받지 않았던가? 그렇지만 일주일 후에나 돌아올 사람을 어떻게 기다린단 말인가?

그날 밤, 에이미는 잠에서 깨는 순간마다 하나님께 기도를 드렸다. 그 여인이 빨리 돌아오게 되어서 네 번째 개종자가 되게 해 달라고 말이다. 새벽 어스름이 비쳐들 무렵, 하인이 갑자기 와서 에이미가 묵고 있는 방을 노크했다. 그 남자의 아내가 느닷없이 집으로 오게 되었는데, 에이미와 얘기하고 싶다고 했다는 것이었다. 여인은 이내 주님을 영접했다. 몹시 기뻤던 에이미는 춤이라도 추고 싶은 심정이었다. 하나님은 약속대로 4명의 영혼이 주님 앞으로 돌아오게 하셨다! 스물여섯 번째 생일을 앞둔 에이미에게는 그보다 기쁜 선물이 없었다.

성탄절이 지나 에이미는 또다시 히로세 마을을 방문하기로 했다. 이번에는 하나님이 8명의 개종자를 약속해 주셨다. 그 이야기를 히로세 마을의 그리스도인들에게 들려주자, 모두 어이없는 표정을 지었다. 한번에 8명이 개종한다는 것은 사실상 불가능하다는 것이었다. 만일 개종자가 8명이 안 되면 에이미가 무척 실망할 거라고 생각한 사람들은 "이제 숫자에는 신경 쓰지 말고, 모임이나 은혜롭게 마치기를 기도해요"라고 말했다. 그러나 에이미의 확신은 흔들리지 않았다.

하나님의 약속은 절대로 변함이 없다는 에이미의 말에 다른 그리스도인들도 믿음을 갖게 되었다. 결과적으로 그들의 믿음은 보상을 받게 되었다. 왜냐하면 그날 모임을 통해 정말로 8명이 새로 주님을 영접했기 때문이다. 에이미가 히로세에서 전도집회를 시작한 이후로 그리스도인의 숫자는 3배로 불어났다.

에이미는 개종자들을 얻은 기쁨을 감추지 못하며 히로세 마을을 떠났다. 그 후 몇 달 동안 에이미는 몇 번 더 그 마을을 방문했다. 그러나 어떤 이유에서인지 하나님이 개종자에 대해 약속해 주지 않으셨다. 후에 에이미는 그 사실을 회고하면서, 풀 한 포기도 모두 똑같이 생기지 않았듯이 어떤 상황이건 하나님은 그때마다 독특하게 역사하심을 깨달았다고 말했다.

히로세 마을을 방문하는 데 있어서 단 한 가지 에이미가 사람들에게 알리고 싶어 하지 않은 것이 있었다. 그것은 에이미의 건강 상태였다. 히로세 마을을 다녀올 때마다 에이미는 점점 탈진 상태가 되어 갔다. 어떤 때에는 심한 두통 때문에 일주일이나 침대에 누워 있기도 했다.

에이미는 침대에 누워 자신에게 수없이 많은 질문을 던졌다. '앙코트에서처럼 건강이 나를 배반하게 되는 것일까? 중국 내지 선교회 의사가 한 말이 맞았을까? 나는 정말 선교사가 되기에 너무 허약한 걸까? 건강이 더 나빠지면 어떻게 할까? 고국으로 돌아가야 하나, 아니면 계속 남아서 이렇게 다른 선교사들에게 짐이 되어야 하나?' 그것은 쉽게 대답할 수 있는 질문들이 아니었다. 어두운 방에 홀로 누워 질문과 생각을 거듭할수록 빨리 해답을 찾아야 한다는 생각이 들었다.

Chapter 8

빨리 일본을 떠나라

에이미는 의식을 잃고 바닥에 쓰러졌다. 이전에도 에이미는 정신을 잃은 적이 있었다. 아일랜드에서 의사가 남동생 알프레드의 상처를 실로 꿰매려고 할 때였다. 그런데 이미치 마을을 방문하던 중에 다시 한 번 실신하고 만 것이다. 에이미는 추운 날씨에도 아랑곳하지 않고 밖에 선 채로 현지인 그리스도인들과 예배에 관해 이야기를 나누고 있었다. 그날 저녁에 에이미가 설교하기로 예정되어 있었기 때문이다. 그러다 일순간 에이미가 정신을 잃고 쓰러져 버렸다. 기모노 차림의 여인들이 즉시 에이미 주위로 몰려와서 젖은 수건을 이마에 대 주고 차가운 바닥에서 일으켜 주었다. 정신을 차린 에이미는 깜짝 놀랐다. 지난 몇 달 동안 기운이 없다고 느끼기는 했지만, 그렇게 의식을 잃고 말다니! 누군가 "실신이란 정신 상태가 빈약한 자들의 허튼수작"이라고 빈정거렸던 것이 기억났다.

에이미는 몸을 가누고 일어나, 주위에 있는 사람들에게 미안하다고 말했다. 에이미를 염려하는 사람들이 일정을 취소할 것을 권했지만, 에이미는 그 말을 듣지 않았다. 자신이 설교자로 예정되어 있었기에 기어이 설교를 하겠다고 했다. 저녁예배가 생각보다 길어졌지만, 에이미는 다행히 의식을 잃지 않고 무사히 모임을 끝낼 수 있었다. 그러나 그 여파를 피할 수는 없었다. 그 예배 모임은 결국 에이미가 일본에서 갖는 최후의 모임이 되고 말았다.

다시 마쓰이로 돌아온 에이미를 위해 바클레이 벅스톤이 즉시 의사를 불러 주었다. 의사는 에이미의 두통과 몸의 쇠약, 현기증에 대해 '일본 두통'(지금의 일본뇌염)이라는 모호한 진단을 내렸다. 일본 두통의 처방책은 지극히 간단했다. 어서 일본을 떠나라는 것이었다.

에이미가 제일 두려워하던 일이 일어나고 말았다. 에이미의 몸은 이제 자신의 의지대로 움직이지 않았다. 벅스톤은 중국 체푸에 가서 요양하는 것이 어떨지 제안했다. 그곳에는 중국 내지 선교회가 병약한 선교사들을 위해 마련한 휴식처가 있으며, 에이미가 어느 정도 머물러도 무방할 것이라고 했다. 별다른 방도가 없었던 에이미는 결국 일본에 온 지 1년 하고도 석 달 만에 현지인과 선교사들에게 작별을 고하고, 중국으로 향하는 증기선에 올랐다. 건강을 이유로 선교사 지원을 거절당했던 선교회에 다시 신세를 지게 되다니! 마음이 내키지 않는 길이었기 때문에, 에이미는 빨리 건강이 호전되어 다시 선교 사역을 계속할 수 있기를 바랐다.

지루한 항해 끝에 마침내 상하이에 도착했다. 그곳에는 중국 내지 선교회 소속의 여 선교사 몇 명이 에이미를 마중 나와 있었다. 그러나 그들이 들려주는 소식은 그리 좋지 못했다. 아픈 선교사들이 너무 많아서, 체푸에 있는 선교사 휴식처에 머물 장소가 없다는 얘기였다. 그들은 에이미에게 상하이에서 자신들과 같이 머물자고 권했고, 에이미도 기꺼이 그 제의를 받아들였다. 일주일 동안 푹 쉬고 난 후 어느 정도 기력을 차린 에이미는 하나님께 기도하기 시작했다. 이제 어떻게 할지를 묻는 중에 갑자기 실론의 콜롬보로 가라는 내적인 음성이 들렸다.

처음에는 에이미도 믿을 수가 없었다. 실론이라니! 실론이 일본과 다를 바가 무엇인가? 영국에 있는 케직회 사람들이 알면 어떻게 생각하겠는가? 병을 핑계 삼아 선교 후원금으로 아시아를 여행하고 돌아다니는 사람으로 생각하지 않을까? 하나님은 자신을 어느 한 장소에 정착시켜 선교사로 살게 하려는 것이 아니었을까? 평생 이렇게 이곳저곳 떠돌아다니며 살아야 하는 건가?

아직도 몸이 완전히 회복되지는 않았지만, 실론으로 가야 한다는 사실은 그의 이름이 에이미 카마이클이라는 것만큼이나 명확했다. 그래서 에이미는 10파운드를 주고 배표를 구입하여 1894년 7월 28일, 다시 한 번 증기선에 몸을 싣고 실론의 콜롬보로 향했다.

콜롬보에 도착한 에이미는 그곳의 친절한 선교사들 덕분에 선교 기지에서 머물며 기력을 회복할 수 있었다. 에이미는 로버트 윌슨 씨와 어머니에게 편지를 써서, 실론에 오게 된 경위를 설명했다. 에이미의 어머니는 고국에 돌아오는 것이 어떻겠냐고 답장을 보내왔다. 고국이라니! 에이미는 절대로 그쪽에서 물러설 사람이 아니었다. 콜롬보에서 건강을 되찾은 에이미는 다시 그곳의 선교 사역에 뛰어들었다. 어머니에게는 "…이제 고통은 사라졌고 다시 싸울 수 있을 만큼 튼튼합니다"라는 편지를 띄웠다.

그러나 그것은 에이미의 생각이었을 뿐, 의사의 의견은 전혀 달랐다. 의사는 에이미에게 '신경 쇠약'이라는 진단을 내리면서, 완전한 휴식을 취해야 한다고 말했다.

에이미는 최선을 다해 쉬려고 노력했지만, 평생 일해도 모자랄 선교 사역이 산더미같이 쌓여 있었기 때문에 쉴 수가 없었다.

에이미는 고집스럽게도 실론을 떠나지 않았다. 그러나 1894년 11월 27일 아침, 모임에서 돌아온 에이미의 눈에 편지 한 통이 들어왔다. 겉봉의 주소는 브르튼의 대저택이었으나 로버트 윌슨 씨의 필체가 아니었다. 윌슨 씨가 아니라면 도대체 누가 그 대저택에서 편지를 보내온 것일까?

에이미는 의아해 하며 조심스레 편지를 뜯었다. 그것은 로버트 윌슨 씨의 아들 윌리엄이 보낸 편지였다. 윌슨 씨가 뇌졸중으로 쓰러졌고, 그래서 에이미를 무척 보고 싶어 한다는 것이었다.

로버트 윌슨 씨의 소원이라면 에이미도 어쩔 수가 없었다. 에이미는 재빨리 행동으로 옮겨, 다음 날 바로 영국행 배에 올라탔다. 조금이라도 빠른 시일에 도착하기 위해 이탈리아의 나폴리까지만 배로 항해하고, 나폴리에서 기차로 유럽 대륙을 지나 다시 배를 타고 영국 해협을 건널 예정이었다. 그러고는 기차를 타고 런던에 가서 어머니를 만날 것이었다. 모든 것이 계획대로 된다면 자신의 스물일곱 번째 생일에는 영국에 도착할 수 있을 것 같았다. 계획은 그럴듯해 보였지만, 현실은 그리 순조롭지 못했다. 에이미는 여전히 병약한 상태였으므로 실론에서 출항한 지 얼마 지나지 않아 침대에서 몸을 일으키지도 못하고 거의 누워 지내야 했다. 때로는 음식도 입에 대지 못했고, 계속되는 설사에 시달리다가 마침내 완전히 기력을 잃고 말았다.

어느덧 배가 나폴리에 정박했다. 에이미는 겨우 몸을 일으켜 로마행 기차를 탔고, 로마에서 다시 파리로 가는 기차를 갈아탄 후에 다시 칼레행 기차를 탔다. 그러고는 배로 영국 해협을 건넜다.

일본에서와 마찬가지로 이번에도 여러 명의 낯선 사람이 여행 도중 에이미를 도와주었다. 모두 친절한 사람들이었다. 처음에는 이탈리아인들이, 그다음에는 프랑스인들이 에이미에게 도움을 주었다. 낯선 사람들의 도움을 받아 가며 기차를 몇 번씩 갈아탄 후에 1894년 12월 15일, 마침내 에이미는 런던에 도착했다.

어머니가 기차역까지 마중 나와 있었다. 에이미는 기진맥진한 모습으로, 어머니의 품에 거의 안기다시피 쓰러지고 말았다. 그곳까지 오는 동안 영국 소식을 전혀 들을 수 없었던 에이미는 로버트 윌슨 씨가 아직도 살아 있는지를 제일 먼저 물었다. 어머니는 윌슨 씨가 아직 살아 있고, 에이미를 만나기만을 고대하고 있다고 말했다. 하지만 브르튼으로 가기 전에 에이미는 우선 휴식을 취하면서 그곳까지 여행할 기력을 회복해야 했다. 에이미는 아흐레 동안 쉰 후에 다시 기차를 타고 윌슨 씨의 대저택으로 향했다.

윌슨 씨는 조금씩 차도를 보이는 중이었고, 그토록 고대하던 에이미를 보자 어떤 특효약보다 좋은 효과를 나타냈다. 그들은 서재에서 오랫동안 대화를 주고받았다. 에이미는 그에게 자신의 모든 선교 경험담을 들려주었다. 에이미의 얘기가 끝나자 윌슨 씨가 에이미에게 그동안 일본에서 집으로 보낸 편지들을 모아 책으로 펴내면 어떨지 권했다. 에이미에게는 예리한 통찰력과 지혜가 있었고, 문장력도 뛰어났다. 윌슨 씨는 영국 그리스도인들도 에이미의 시각으로 선교 사역을 바라볼 기회를 주지 않는 것은 애석한 일이 될 거라고 말했다. 여섯 달 동안 로버트 윌슨 씨를 간호하면서 에이미는 자신의 편지들을 엮어 책으로 출간했다. 몇 개의 그림도 손수 그려 넣었다. 윌슨 씨의 아들 윌리엄도 그림을 그려 주었다. 에이미가 처음 윌슨 씨의 대저택에 왔을 때와 비교하면,

윌슨 씨의 두 아들은 그야말로 천지차이로 변해 있었다.

에이미는 자신이 엮은 책에 《해 뜨는 땅에서》(*From Sunrise Land*)라는 제목을 붙였다. 책은 순식간에 팔려나갔다. 초판이 나온 지 불과 몇 달 만에 재판을 찍을 정도였다. 책을 펴내고 난 후에 에이미는 무엇을 해야 할지 생각했다. 의사는 에이미의 건강이 아직도 온전치 못하기 때문에 선교지로 떠나는 것은 무리라고 했다. 어떻게 해야 할지 망설이는 사이 몇 달이 흘렀고, 에이미는 전에 윌슨 씨의 집에서 생활했던 것과 비슷한 일과를 지냈다. 겉으로는 그때와 똑같아 보였지만, 에이미는 그때와 같은 사람이 아니었다. 직접 선교지를 경험해 보지 않았는가! 그동안 에이미는 선교사로서 현지 의상을 입는 문제, 사람들이 '그저 문화일 뿐, 해가 없다'고 주장하는 우상을 집에 보관하는 문제를 놓고 나름대로 관점을 정리했고, 하나님의 구체적인 인도하심에 따라 살아가는 법을 배웠다. 그러나 영국에 갇혀 있는 지금, 이 모든 경험과 관점이 무슨 소용이란 말인가? 에이미는 앞길을 인도해 달라고 간절히 기도하기 시작했다.

얼마 후, 인도 남부의 벵갈루루라는 곳에 사는 친구가 편지를 보내왔다. 그 친구는 간호사였는데, 영국 국교회 제나나 선교회의 후원으로 설립된 병원을 운영하고 있었다. 그 친구는 에이미에게 벵갈루루는 공기가 좋고, 지리적으로 온난한 지역에 자리 잡고 있어서 일본이나 중국처럼 덥거나 춥지 않다고 했다. 그렇기 때문에 에이미가 혹시 벵갈루루에 와서 자신과 함께 일할 의향이 있는지를 물었다. 물론 에이미는 어떤 곳이든 갈 의향이 있었지만, 온화한 기후 때문에 가는 것은 어쩐지 편한 길을 선택하는 눈가림처럼 여겨졌다. 그러나 한편으로 생각해 보면, 다시 선교지로 돌아가고 싶은 마음이 굴뚝같아도 기후가 좋지 못한 곳으로의 선교를 의사가 허락해 줄 것 같지 않았다. 일단은 에이미는 친구에게 자신은 영국 국교회 소속이 아니며 건강이 좋지 않다는 점을 알리고, 그래도 제나나 선교회에서 자신을 선교사로 받아 준다면 그곳까지 가겠다고 결정했다.

여러 번에 걸쳐 제나나 선교회 면접을 본 후에 마침내 1895년 7월, 에이미는 인도 남부에 선교사로 파송되었다. 케직 이사회는 이번에도 에이미를 후원하겠다고 했다. 석 달 후, 에이미는 다시 한 번 로버트 윌슨 씨에게 이별을 고했다. 얼마 전 윌슨 씨는 일흔 번째 생일을 맞이했다. 이제 윌슨 씨의 나이가 많이 들었으므로, 에이미는 이번이 윌슨 씨를 보는 마지막이 될지도 모른다는 생각을 지울 수가 없었다. 그러나 에이미는 자신이 살아생전 다시는 영국제도에 발을 들여놓지 못할 것이라는 사실은 꿈도 꾸지 못했다. 에이미는 인도까지의 편도 배표를 구입했다. 하나님이 자신을 인도로 부르셨음을 믿고서…. 실제로 그 항해는 에이미 카마이클에게 있어 생애 마지막 항해였다. 에이미는 그 이후 한 번도 인도를 떠나지 않았다.

Chapter 9

물 떠난 고기처럼

지난번 영국을 떠나 일본으로 항해하던 때가 떠올랐다. 그때 에이미는 지중해를 지나, 다시 수에즈 운하와 홍해를 지나서 인도양으로 갔다. 항해 동안 에이미는 종종 갑판 위의 나무 의자에 앉아 망망한 바다를 바라보곤 했는데, 그럴 때마다 에이미의 머릿속에 한 가지 의문이 떠올랐다. '인도는 어떤 나라일까?'

당시 인도는 영국의 지배를 받고 있었다. 처음에는 영국 동인도 회사의 통치를 받고 있다가 1858년에는 영국의 지배 아래에 들어가 대영제국의 가장 인구 많은 식민지가 되었다.

빅토리아 여왕은 인도의 여왕이기도 했고, 인도는 '대영제국의 보석'이라고 불렸다. 한동안 영국 청년들의 장기간 인도 여행이 유행으로 번질 지경이었다. 6만 명의 영국군이 평화유지를 위해 인도에 주둔해 있었기에, 젊은 영국인이 인도에서 명예와 재산을 얻을 기회는 정말로 무궁무진했다.

영국 전역에서는 인도에서 생산되는 홍차와 향료, 면 등이 거래되었고, 서점에서는 인도 모험담을 주제로 한 소설들이 절찬리에 팔려나갔다. 그렇게 인도는 영국에 큰 영향을 끼치고 있었다.

그러나 실제로는 인도가 더 크게 영국의 영향을 받고 있었다. 인도의 상거래와 관공서에서 쓰이는 공식 언어는 '영어'였다. 그것은 한편으로 다행스러운 일이었다. 왜냐하면 인도에서 주로 사용되는 언어만도 15개나 되었고, 그 외에 8백여 개에 이르는 지역 언어가 있었기 때문이다. 영국의 지배를 받는 동안 인도는 도로와 철도, 산업, 교육에 이르는 사회의 광범위한 분야에서 발전과 향상을 이룰 수 있었다.

인도에 사는 영국인들은 상류층을 형성하며, 무엇이든 최고급을 지향하며 살았다. 현지인의 임금이 매우 낮았으므로, 수많은 현지인을 하인으로 고용하여 거느릴 수 있었다. 남자들은 코끼리 사냥이나 크리켓 경기를 즐겼고, 여자들은 파티나 자수, 셰익스피어의 작품 낭송회 등으로 시간을 보냈다. 아이들은 대부분 영국의 기숙사 학교로 보내어 교육을 받게 했다. 여름방학 때는 아이들이 인도에 있는 가족에게로 돌아와 온 가족이 여름 더위를 피해 산이나 계곡으로 피서를 떠났다. 한마디로 인도에 사는 영국인들은 모든 혜택을 마음껏 누렸고, 그것이 그들이 인도에서 살아가는 방식이었다.

홍차, 향료, 면, 안락한 생활 외에 진짜 인도의 모습은 어떤 것일지 에이미는 무척이나 궁금했다. '하나님은 그곳에 사는 3억 명의 사람을 위해 내가 무엇을 하기 원하실까?' 미래의 일은 알 수 없었지만, 우선적으로 제나나 선교회가 주관하는 사역에 가담하게 되리라는 사실만은 분명했다.

마침내 배가 인도 남동 해안인 마드라스 항에 닿았다. 마드라스(현 첸나이)는 '남쪽의 출입문'으로 불리는 도시였다. 에이미가 배에서 내리자 수많은 인파가 항구 주변을 오갔다. 에이미는 로버트 윌슨 씨가 소개한 선교회 사무관 아덴 씨가 자신을 마중 나왔는지 보려고 주위를 두리번거렸다. 인도인들이 에이미 곁으로 다가와, 가방을 날라 주거나 인력거에 태워 주겠다고 제의했다. 때마침 아덴 씨가 다가왔다. 군중 속에서 손을 흔들며 다가오는 아덴 씨를 보자마자 에이미는 안도의 한숨을 내쉬었다. 그들은 악수한 후에 서로 자신을 소개했다. 인도에서의 첫발은 일본보다 훨씬 순조롭게 시작되었다.

아덴 씨가 자신의 짐들을 마차에 싣고 있는 동안 에이미는 주변을 둘러보았다. 하지만 모든 것을 한꺼번에 느끼고 감상하기란 불가능했다. 너무 다양한 것이 존재했기 때문이다. 여태껏 그렇게 다양한 색깔을 보기는 처음이었다. 인도 여인이 입고 있는 '사리'라는 전통 의상은 모두 다 색이 달랐다. 감색, 진홍색, 밝은 노란색 등 그야말로 현란하기가 이를 데 없었다. 흰색이나 주홍색 터번을 머리에 두른 구릿빛 피부의 키 큰 남자들도 보이고, 팔목에 짤랑거리는 팔찌를 차고 있는 앙증맞은 여자아이들의 모습도 보였다. 에이미는 눈에 들어오는 모든 것이 마냥 신기하고 흥미로웠다.

아덴 씨는 에이미가 그의 집에 묵을 수 있도록 배려해 주었다. 그래서 에이미는 제나나 선교회 병원이 있는 인도 내륙의 벵갈루루로 떠나기 전 3주 동안 그곳에 머물렀다. 에이미가 마드라스에 3주 동안 머물기로 한 이유는 충분한 휴식을 취함으로, 가능하면 건강한 몸으로 벵갈루루에 들어가고 싶었기 때문이다.

아덴 씨의 집에 있으면서 에이미는 만나는 모든 사람에게 인도에 관해 질문했다. 특히 앞으로 자신이 지내게 될 인도 남부와 그곳의 기독교 역사에 대해 듣고 싶어 했다. 그리하여 에이미는 그곳의 관습에 대해서 많이 배울 수 있었고, 예수님의 열두 제자 중 하나였던 도마가 상인에게 노예로 팔려 인도 남부로 왔다는 사실도 알았다. 도마는 인도에서 다시 '곤도바'라는 임금에게 팔려가 왕의 궁전을 건축하게 되었다. 궁전 건물을 짓는 동안 도마는 왕에게 복음을 전할 기회를 가졌고, 그 결과 왕은 그리스도인이 되어 세례를 받았다고 한다. 인도 남부의 그리스도인들은 자신들의 신앙의 뿌리를 성 도마와 곤도바 왕 시대에 두고 있어, '도마 그리스도인'이라고 불렸다.

인도에 도착한 지 일주일 후에 에이미는 루이자 란델이라는 여 선교사를 만났다. 루이자는 에이미 또래의 영국인이었는데, 자신의 곤란한 문제를 에이미에게 털어놓았다. 루이자는 에이미에게 문제의 편지를 보여 주었다. 몇 달 전, 루이자는 한 무슬림 소녀를 만나 전도를 하게 되었고, 소녀는 기독교인이 되고 싶어 했다. 그런데 인도에서는 개종하기가 쉽지 않았다. 일본의 불교도는 개종을 해도 다들 크게 신경 쓰지 않지만, 인도의 무슬림이 개종을 하면 대단한 위험에 처하게 된다. 그리스도인이 된 그 소녀 역시 다를 바 없었다. 소녀는 자신이 개종을 하면 가족에게 영원히 쫓겨나거나 형제들의 손에 죽임을 당하리라는 사실을 알고 있었다. 모든 것을 빼앗기고, 심지어 목숨마저 잃을지 모르는 위태로운 상황이 두려웠던 그 소녀는 결국 그리스도인이 되기를 단념하고 무슬림으로 남게 되었다.

루이자는 자신의 후원자들에게 보내는 기도 편지에서 그 무슬림 소녀의 갈등을 언급했다. 그러자 후원자 중 한 사람이 루이자에게 답장을 보내왔는데, 무슬림 소녀에 관한 이야기가 너무 비관적이니까 좀 더 행복한 결말을 맺는 이야기로써 보내 달라는 요청이 적혀 있었다고 한다. 그 답장을 본 루이자는 자신이 무슬림 소녀에 관한 이야기를 써 보낸 것이 과연 잘한 일이었는지 의문이 들었다. 그리하여 에이미의 생각을 물으러 온 것이었다. 루이자는 후원자들을 위해 이야기의 결말을 약간 모호하게 얼버무리며 덜 비관적인 내용으로 소녀의 이야기를 다시 써야 할지 물었다. 에이미는 놀라는 눈으로 루이자를 바라보았다. 도대체 어떤 그리스도인이 선교사에게 있지도 않은 이야기를 꾸며대라고 시킨단 말인가? 진실은 진실일 뿐, 아무리 후원자라고 해도 선교사에게 거짓 이야기를 만들도록 압력을 넣는 것은 올바른 일이 아니라고 에이미는 루이자에게 말했다.

하지만 정말 아이러니하게도, 그 이야기를 한 지 오래지 않아 에이미마저 동일한 시험에 걸려들고 말았다. 대중은 항상 진실만을 원하는 것이 아니라는 사실, 심지어 그리스도인들조차 마찬가지라는 뼈아픈 현실에 부닥치게 된 것이다.

3주 동안 아덴 씨 집에서 머문 후에 에이미는 370킬로미터 떨어진 벵갈루루를 향해 출발했다. 떠나오기 전에 에이미는 마드라스에서 벵갈루루까지 가는 길을 로버트 윌슨 씨의 서재에 있는 지도책을 펼쳐 들고 확인해 보았다. 눈으로 볼 때는 그저 순조로운 행로로 보였다. 그러나 그것은 추측이었을 뿐, 벵갈루루를 향한 기차에 몸을 싣고 있는 에이미에게 목적지는 매우 아득하게 느껴졌다. 창밖으로 마을들과 신전들이 스쳐 지나갔지만, 미처 그런 것에 눈을 돌릴 만한 마음의 여유도 없었다. 하인이 홍차 한 잔을 가져왔으나 그것마저 받아들고 마실 기운이 없었다. 에이미는 다시 병이 들었고, 시간이 갈수록 점점 온몸이 녹초가 되었다. 뎅기열이라고 알려진 열병에 걸린 것이었다. 마치 온몸의 뼈마디가 하나하나 부러져 나가는 듯이 아팠다. 벵갈루루 역에 도착했다는 차장의 안내가 울려 퍼졌음에도 에이미는 자리에서 일어날 수가 없었다. 에이미는 겨우 몸을 일으켜, 역으로 마중 나온 제나나 선교회의 선교사 옆에 쓰러질 듯 주저앉았다. 건강한 몸으로 도착하려고 그렇게 신경을 썼건만, 완전 정반대의 일이 일어나고 말았다. 에이미의 성격상 받아들이기 어려운 상황이었지만, 너무 아파서 그것조차 신경 쓸 처지가 아니었다. 결국 에이미는 자신이 일하러 온 병원의 환자 신세가 되고 말았다.

에이미가 다시 기운을 차리기까지는 몇 주가 걸렸다. 병원 침대에 누워 있는 동안 이따금 향수병이 몰려왔다. 영국에 두고 온 어머니와 로버트 윌슨 씨, 일본의 바클레이 벅스톤과 마사키, 히로세 기독교인들이 보고 싶었다. 심지어 얼마 머물지 않았던 중국마저 떠올랐다. 지금 누워 있는 병원이 아니라면 어디든 더 좋아 보이고 그리웠다. 그리고 선교사들의 귀중한 시간을 자신이 너무 많이 빼앗고 있다는 미안한 마음이 들었다.

차츰 건강이 회복되자 에이미는 제나나 선교회의 일과에 동참하기 시작했다. 에이미는 우선 한 달에 한 번씩 열리는 선교사 모임에 참석했다.

이윽고 에이미가 다른 선교사들과 다른 관점을 지녔다는 사실이 그 모임에서 드러나게 되었다. 선교사 모임은 영국에서 흔히 보던 여느 모임과 비슷했다. 여 선교사들은 등불 밑에 옹기종기 모여 앉아 조용히 손수건에 수를 놓았다. 한 남자 선교사가 선교사들과 현지인 그리스도인들 사이의 동역에 관한 기사를 큰 소리로 읽어 주었다. 다른 남 선교사들은 간간이 고개를 끄덕이며 그 기사를 들었다. 기사를 다 읽고 나면 토론이 벌어졌다. 주로 남자들이 이야기하고, 이따금씩 여 선교사들이 수놓던 것을 내려놓고 의견을 말했다.

토론이 진행되면서 한 가지 의문이 제기되었다. 선교회나 교회에서 보수를 받지 않고 순수하게 자원봉사하는 인도인 그리스도인들이 있다면, 그들의 이름을 말하라는 것이었다. 여 선교사들은 말없이 자수만 놓았고, 남 선교사들은 생각에 잠겼다. 그렇게 몇 분이 지났건만 아무도 이름을 대는 사람이 없었다. "사실 말이지만," 어느 남 선교사가 어색한 웃음을 지으며 입을 열었다. "현지인들만 비난할 수는 없는 문제입니다." 그때 한 하인이 홍차와 오이 샌드위치를 들고 오는 바람에 사람들의 시선이 모두 간식으로 쏠렸다.

에이미는 손에 들고 있던 자수 판을 내려놓았다. 사람들이 홍차를 마시며 샌드위치를 먹고 있는 동안 에이미는 이해할 수 없다는 표정으로 앉아 있었다. '조금 전에 내가 들은 이야기가 과연 사실일까?'

전해지는 얘기에 의하면 이곳 인도 남부 지역은 도마가 이스라엘에서 들어와 복음을 전했고, 4세기에는 시리아 그리스도인들이 마을을 이루고 살았으며, 여러 교파의 수많은 선교사가 몇백 년 동안 수고했던 곳이다. 그런데 어찌 하나님을 위해 자원해서 봉사하는 기쁨을 아는 그리스도인이 단 한 사람도 없단 말인가?

에이미는 벨파스트의 숄리들을 생각해 보았다. 그들은 한 달에 이틀밖에 없는 소중한 휴일을 기꺼이 희생하고, 잠도 제대로 자지 못하면서 환영의 장소에서 봉사하지 않았던가? 예배당을 청소하는 일이든지, 혹은 아무 일이라도, 필요하기만 하면 언제든 기쁘게, 기꺼운 마음으로 시간을 내어 섬겨 주었던 숄리들이었다. 하나님의 말씀을 증거하는 사역에서 한몫을 감당했던 이들이었다. 물론 그렇다고 에이미가 수고한 사람에게 보수를 지불하는 것이 잘못된 일이라고 생각하는 것은 아니었다. 단지 하나님을 사랑하는 마음으로 보수 없이 자원봉사하는 사람이 단 하나도 없다는 사실이 에이미에게는 가히 충격적이었다.

에이미는 차를 마시고 있는 다른 선교사들을 쳐다보았다. 에이미는 '하나님을 위해 자원봉사하는 사람이 단 하나도 없다는 것은, 현지인들에게서 그만큼의 헌신을 이끌어 내지 못한 선교사들에게 책임이 있는 게 아닐까? 저들은 그 점에 대해 하나님께 용서를 구해야 하는 게 아닌가?' 하고 생각했다. 그러나 그들은 아무렇지 않은 표정으로 웃고 이야기하며 샌드위치가 담긴 그릇을 서로 주고받았다. 에이미는 도저히 이해가 가지 않았다.

에이미가 충격을 받은 일은 그것만이 아니었다. 선교회에서 일어나는 일들을 하나씩 보게 될수록 에이미의 머릿속에는 더 큰 의문이 꼬리를 물었다. 에이미가 새로운 개종자들의 모임을 방문하고 싶다고 하자, 선교사들은 그런 모임은 없을 뿐 아니라 필요도 없다고 대답해 왔다. 몇 년 동안 새로운 개종자가 없었다는 것이다. 다시 한 번 에이미는 자신이 들은 말을 믿을 수가 없었다. 왜 새로운 개종자가 없느냐고 질문을 하자, 벵갈루루에서 오랫동안 선교해 온 선교사가 "하나의 이유를 대자면, 힌두교의 신분 제도인 '카스트' 때문이지요"라고 대답했다.

모든 힌두교인은 4개의 카스트로 나뉘었다. 인도에서 태어난 아기는 자동적으로 부모의 카스트에 속하게 된다. 가장 고위층의 카스트를 '브라만'(Brahman, 神官)이라고 했는데, 힌두의 종교 지도자나 정치가가 이 계층에 속했다. 그다음은 무사 계급인 '크샤트리아'(Ksatriya, 武士)였고, 다음은 농목업이나 상업, 수공업과 기타 각종 직업에 종사하는 서민 계층인 '바이샤'(Vaisya, 庶民)였다. 그리고 카스트의 최하위는 '수드라'(Sudra, 奴婢)로, 그들은 상위 카스트의 노비(奴婢)로 종사했다. 또한 이 4개의 카스트 어디에도 속하지 않는 '아웃카스트'(outcaste)라는 계층이 있었는데, 그들은 '불가촉천민'(不可觸賤民)이라 불리며 거주나 직업 등에서 엄격한 차별 대우를 받았다.

초기에만 해도 카스트 제도는 사회를 조직하려는 방편으로 고안된 것이었다. 마치 영국 중세 시대 때 사람들의 신분이 왕, 영주, 귀족, 농노로 구별된 것과 비슷했다. 그러나 몇백 년의 시간이 흐르면서 각 카스트 사이의 예법과 교제에 관한 엄격한 규율이 생겨나기 시작했고, 기존의 카스트 외에도 다른 카스트 집단들이 형성되기 시작했다. 에이미가 벵갈루루에 도착한 당시에는 수천 개에 이르는 카스트가 존재했으며, 그들이 서로 범할 수 없는 매우 엄격한 규율들이 존재하고 있었다. 예를 들면, 사람들은 다른 계층의 카스트나 자신보다 하위 카스트에 속하는 사람과는 음식을 함께 먹을 수가 없었다.

불가촉천민들은 일반인들이 하지 않는 온갖 천한 일을 도맡았다. 사람이 죽은 후 화장한 재들을 치우거나 동물의 가죽을 벗기는 일, 변기를 청소하는 일 등이었다. 다른 힌두교인들은 그들과 일체 상종하려고 하지 않았다. 카스트 제도는 그런 사람들과의 접촉을 엄격하게 금하고 있었다. 또한 그들은 다른 카스트의 사람들이 먹는 우물에서 물을 길어 먹을 수도 없었고, 심지어 기독교인이라 해도 같은 교회에 다니지 못했다. 행여나 천민들의 그림자가 자신에게 드리워져 부정하게 될지도 모르기에 사람들은 그들과 함께하는 것을 극도로 꺼렸다. 마드라스에 있는 동안 에이미는 누더기를 걸치고 땅만 바라보며 다니는 천민들을 본 적이 있었다.

제나나 선교회의 선교사는 힌두교가 인도인들에게 미친 영향에 대해서도 에이미에게 설명해 주었다. 힌두교에서는 절대 충성을 요구했다. 남편에 대한 아내의 충성을 강조한 나머지 그곳에는 '사티'(Sati)라는 풍습이 있었다(오래전부터 영국인들은 그런 풍습을 금지하려 시도해 왔었다). 사티란 남편이 죽으면 아내 또한 남편을 따라 죽는 것을 의무로 여겨, 죽은 남편 옆에 산 채로 화장하는 끔찍한 풍습이었다. 어떤 때에는 살고 싶어 하는 과부에게 죽음을 강요해야 할 때도 있었지만, 대부분 여성은 그것을 자신의 마땅한 의무이자 정절로 간주해서 순순히 받아들였다. 종교도 마찬가지였다. 기독교로 개종한 힌두교인은 이교도로 취급당했다. 힌두교도의 입장에서 볼 때 기독교로 개종한 사람은 자신의 종교와 사회, 가족에 불충한 사람이었다. 따라서 가족의 명예를 더럽힌 죄로 그들은 가족들의 손에 죽임을 당하기도 했다.

에이미는 루이자의 기도 편지를 떠올리며, '행복한 결말'을 맺지 못하는 무슬림 소녀를 생각했다. 인도인들의 생활 전반에 걸쳐 힌두교가 얼마나 심각한 영향을 미치고 있는지 깨닫게 되었다. "하지만 하나님의 능력은 힌두교의 영향력보다 더 위대하지 않은가요?"

"예, 물론 그렇지요. 하지만 현실은 그렇게 만만치 않답니다." 벵갈루루에서 오래 사역한 선교사가 그렇게 대답을 한 후에 에이미에게 한 가지를 부탁했다. "힌두교인들이 개종하도록 하나님께 기도해 주시겠지요?" 그것은 두말할 것도 없는 부탁이었다. 에이미는 즉시 기도하기 시작했다. 하나님이 인도인들 가운데 역사하시는 것을 보고 싶은 것이야말로 에이미가 인도에 온 목적이었고, 왜 그런 역사가 일어나지 않는지 그 이유를 알고 싶었다.

에이미는 선교회에서 운영하는 학교 교사 대부분 힌두교인이거나 무슬림이라는 사실이 마음에 걸렸다. 또다시 에이미는 경험 많은 선교사에게 그 점에 관해 이야기하며, 이교도들을 학교의 교사로 채용하는 특별한 이유가 있느냐고 물었다. "기독교 학교를 세웠다면 당연히 학생들에게 기독교적인 영향을 미쳐야 하지 않나요? 겨우 몇 명의 기독교인 교사만으로 그 명분을 유지한다면, 어떻게 기독교 교육이 이루어질 수 있겠어요?" 그러자 선교사는 학생들을 가르칠 만한 기독교인 교사를 찾기가 쉽지 않다고 말했다. 그러면서 "교사가 없는 것보다는 힌두교인이나 무슬림 교사라도 있는 것이 더 낫지 않나요"라고 덧붙여 말했다. 그러나 에이미의 생각은 달랐다. 적어도 기독교 학교라면 그래서는 안 된다. 에이미는 그 선교사에게 자신이 영국에서 인도했던 환영의 장소에 관해 이야기했다. 그 당시 환영의 장소에는 많은 일손이 필요했고, 가난한 사람들의 복지에 관심 있는 사람들이 봉사를 자청했었다. 그러나 에이미는 그들의 자청을 모두 물리쳤고, 하나님을 사랑하는 헌신의 동기로 섬기려는 그리스도인들을 보내 달라고 기도하며 기다렸다. 그리고 하나님은 그 기도에 응답하셨다. 에이미는 이곳의 학교도 그러한 원칙을 적용하지 못할 까닭이 없다고 생각했다. 에이미는 그 방법이 가장 효과적이며, 하나님은 그러한 기도를 들어주시는 분이라는 것을 경험을 통해 자신 있게 주장할 수 있었다.

그러나 그것은 쉬운 문제가 아니었다. 에이미의 의견을 존중하고 좋아하는 선교사가 많긴 했지만, 불편한 심기를 드러내는 선교사도 있었기 때문이다.

에이미는 자신의 일기장에 다음과 같이 적었다. "어쩐지 내가 물 떠난 고기 같은 느낌이 든다." 물 떠난 고기는 오래

숨 쉴 수가 없는 법이다. 아무리 선교사들과 잘 지내려고 노력하고, 타밀어를 배우려고 애쓰고, 대영제국의 전형적인 선교사 기준에 자신을 맞추려고 해도 에이미에게는 뭔가 어긋나는 것이 있었다. 에이미를 다시 물 만난 고기로 되돌리기 위해 어떤 일이, 그것도 에이미의 숨이 넘어가기 전에 속히 일어나야만 했다.

Chapter 10

인도인 되기

 에이미는 말의 옆구리를 발꿈치로 살짝 내리쳤다. 그러자 말이 속력을 내며 소나무들이 늘어서 있는 길을 달렸다. 에이미의 기다란 밤색 머리카락이 바람에 휘날렸다.

 처음에만 해도 에이미는 벵갈루루를 떠나는 것이 마음에 내키지 않았다. 하지만 막상 도시를 벗어나 시골 길을 달려 보니 무척 상쾌했다. 또한 에이미는 코타기리의 날씨가 어떤지도 궁금했다. 코타기리는 닐기리 구릉에서 2천 미터 산 위에 자리 잡고 있는, 온난한 기후의 휴양지였다. 4월과 5월의 우기가 되면 많은 영국인이 휴식을 위해 찾는 곳이었다.

선두에서 달리던 에이미는 뒤따라오는 일행을 돌아보았다. 사람들이 막 모퉁이를 돌아서고 있었다. 얼마나 가관인가! 3명의 선교사가 가마를 타고 오는 것이 보였다. 한 사람씩 타게 되어 있는 가마 양옆에는 기다란 장대가 있었는데, 8명의 하인이 붙잡아 들게 되어 있었다. 가마 뒤로는 가벼운 옷상자들을 머리에 인 하녀들이 따라오고 있었고, 연이어 12명의 크고 건장한 하인들이 어깨 위에 크고 작은 짐 상자들을 지고 오고 있었다. 하인들이 지고 있는 상자 안에는 선교사들이 휴가 기간에 사용할 온갖 생활 물품이 들어 있었다. 더더군다나 배드민턴 라켓과 네트, 접이 의자까지 있었다. 황소가 끄는 짐수레 위에 피아노와 쇠로 된 목욕통까지 싣고 오는 가족도 있었다.

에이미는 다시 몸을 돌려 앞을 바라보았다. 지금 뒤에 따라오는 행렬은 에이미가 인도에서 가장 못마땅하게 여기는 점들을 그대로 드러내고 있었다. 영국인들이 휴가 때면 소위 자신들에게 꼭 '필요'하다고 주장하는 물건들을 나르기 위해 무려 36명의 하인이 벵갈루루에서부터 코타기리까지 그들의 짐을 나르고 있었다. 그 모습을 보며 에이미는 혼자 이렇게 자문했다. "하인들이야말로 우리보다 몇백 배 더 휴식이 필요한 이들이 아닐까?"

에이미는 오전과 오후의 다과 시간, 수예 모임, 크리켓 경기 등의 온갖 영국적인 의식과 상례를 벗어나 좀 더 단순하게 살면서, 인도인들과 자유롭게 사귀고 싶었다. 그들을 하인이 아닌 한 사람의 인격체로 대하고 싶었다. 그러나 어떻게 그것이 가능하단 말인가? 에이미 역시도 하인들에게 둘러싸여 있는 영국 여인에 불과했다. 그리고 그 당시 사람들은, 영국인이라면 인도인들을 하인 이상으로 취급하는 일이 있어서는 안 된다고 생각했다.

길가의 소나무 숲에서는 향긋한 소나무 향이 퍼져 나와 에이미의 코끝을 찔렀고, 새들이 쉴 새 없이 지저귀는 소리가 들려왔다. 에이미의 머릿속에는 '인도인 가정에 들어가 그들과 함께 사는 것은 어떨까? 그렇게 되면 타밀어도 훨씬 쉽게 배울 수 있을 것이고, 인도인들의 생활상도 자세히 알게 될 수 있지 않을까?'라는 생각이 서서히 자리 잡고 있었다. 에이미는 마음속으로 그 생각을 되풀이했다.

그러나 그럴수록 한 가지 문제가 계속 마음에 걸렸다. 그것은 결코 가벼운 문제가 아니었다. 현지인들과 가깝게 지내면서 인도인처럼 된다는 것은 모든 선교사가 인상을 찌푸릴 만한 금기 사항이었다. 그들의 주장에 따르면, 현지인처럼 되고자 하려는 시도는 '영국의 고상한 풍습으로 인도인들을 개화시키려는 모든 노력을 물거품으로 만드는 반역'이었다. 또한 영국의 빅토리아 여왕과 대영제국의 명예를 훼손하는 행위였다.

그래도 에이미는 현지인들과 함께 살고 싶다는 생각을 머리에서 떨쳐버릴 수가 없었다. 하지만 어떻게 그 결심을 행동으로 옮긴단 말인가? 한 가지 방법은 다른 선교사들의 존경과 신임을 받는 누군가가 자신의 계획을 지지해 주는 것이었다. 과연 현지인처럼 살겠다는 의도를 정신 나간 짓으로 생각하지 않을 사람이 있을까?

마침내 그들은 코타기리에 도착했다. 그런데 또 다른 문제가 에이미를 기다리고 있었다. 아니, 어디를 가든 에이미 뒤에는 문제가 따라다니는 것처럼 보였다.

문제의 발단은 에이미가 이른바 '대영제국의 품위 있는 아녀자'로서 합당하지 못한 파격적인 행동을 한 데서 비롯되었다. 선교사들을 포함한 모든 영국인이 휴양지로서 코타기리를 선호하는 이유는 그 지역에 인도인이 거의 없었기 때문이다. 그곳에서 볼 수 있는 인도인이라곤 영국인들의 시중을 드는 인도 하인들이 전부였다.

에이미는 언제나 자신의 하녀를, 하녀가 아닌 친구나 동역자처럼 대우했다. 이전에 일본에서도 마사키와 친하게 지냈던 에이미였다. 코타기리에 머무는 동안 에이미는 하녀와 함께 한방을 쓸 생각이었다. 그러자 다른 선교사들이 펄쩍 뛰기 시작했다. 그 이야기는 금세 코타기리의 모든 사람에게 입소문을 타고 재빨리 퍼져 나갔고, 이윽고 아일랜드 태생의 조그만 여인 에이미가 소동의 쟁점으로 떠올랐다. 사람들은 에이미에게 처신을 잘하라고 핀잔을 주면서, 어떻게 인도인을 친구로 삼아 모든 선교사의 얼굴에 먹칠할 수 있느냐며 따졌다.

결국 에이미는 자신의 주장을 굽힐 수밖에 없었고, 에이미의 하녀는 다른 하인들과 함께 머물러야 했다. 그 경험은 에이미에게 적잖은 좌절을 안겨 주었다. 같은 기독교인들 간의 장벽이 너무도 높아 보였다. 하지만 언젠가는 그 장벽을 물리치고 말리라는 결심이 서자, 에이미의 눈에 다시금 생기가 돌았다.

코타기리에 머무는 동안 에이미는 벵갈루루에서 하던 대로 매일 여섯 시간씩 타밀어를 공부했다. 공부가 끝나면 하녀와 함께 부근의 산과 언덕들을 돌아다녔다. 그러나 조금만 오래 걷고 나면 금방 지치고 피곤해졌다. 에이미의 건강이 다시 쇠약해지고 있었기 때문이다. 인도에 온 후 에이미의 건강은 조금씩 악화되고 있었고, 주변 사람들은 에이미가 인도에서 1년이라도 버틸 수 있을지 의문이라고 말했다. 에이미는 다시 건강을 되찾아 그들의 추측이 잘못되었음을 증명해 보이고 싶었다.

코타기리에 온 지 며칠 후에 에이미와 하녀는 오타카문드라는 지역의 선교기지를 방문했다. 영국인들은 그 지역을 그냥 '오티'라고 불렀다. 에이미는 오티에 가는 날을 손꼽아 기다려 왔다. 그 이유는 그곳에서 케직사경회 비슷한 모임이 열리기 때문이었다.

모임에 온 강사 중 한 명은 인도의 '영국 교회 선교회' 책임자인 토마스 워커라는 선교사였다. 영국 교회 선교회는 에이미가 속한 벵갈루루 제나나 선교회의 사역을 감독하는 곳이기도 했다. 에이미는 토마스 워커의 강의를 몹시 듣고 싶었다. 그는 사람들에게 상당히 평판이 좋았다. 사람들은 그를 '아이어 워커'라고도 불렀는데, 아이어란 존경하는 사람에게 붙는 인도의 존칭어였다. 그는 인도에서 오래 사역한 베테랑 선교사였고, 인도인들보다 타밀어를 더 잘하는 외국인으로 알려졌다. 또한 토마스 워커만큼 인도 남부 역사에 대해 해박한 지식을 가지고 있는 선교사는 없었다.

에이미는 지금까지 들어온 토마스 워커에 관한 얘기를 바탕으로 혼자서 상상을 해보았다. 아마도 머리가 희끗희끗

한, 몇십 년 전의 로버트 윌슨 씨의 모습을 보는 것 같지 않을까? 에이미는 타밀 문법책을 옆에 끼고서 기대에 부푼 마음으로 씩씩하게 강의실로 걸어갔다. 행여라도 그의 강의가 지루해지면 타밀 문법책에 눈을 돌릴 생각이었다. 그러면 그 시간을 조금이라도 유용하게 보낼 수 있을 테니까….

그러나 모임 동안 에이미는 타밀어 문법책에 시선을 돌릴 수가 없었다. 토마스 워커라는 사람은 에이미가 상상한 모습과는 정반대였다. 그는 에이미보다 겨우 일곱 살이 많은, 서른여섯 살의 젊은 선교사였다. 그의 머리카락은 흰 머리카락이 하나도 없는 짙은 검은색이었다. 그가 입을 열어 강의를 시작하자, 구구절절 그의 모든 말이 에이미의 가슴에 깊은 감동으로 다가왔다. 에이미는 토마스 워커의 말을 단 한 마디도 놓치지 않고 들었다. 그러면서 '나이도 많지 않은 사람이 어쩌면 저토록 지혜로울까'라고 속으로 생각했다.

토마스 워커의 강의를 듣던 중에 한 가지 생각이 에이미의 머리를 스쳤다. 토마스 워커라면 인도인 가정에 들어가 생활하려는 자신의 계획을 지지해 줄지도 모른다는 생각이었다. 그의 강의로 판단하건대, 그는 에이미와 상당히 유사한 관점을 갖고 있는 듯했다.

모임이 끝나자마자 에이미는 서둘러 앞으로 나가서 토마

스 워커에게 자신을 소개했다. 그가 반색하며 맞이하는 것으로 짐작했을 때, 그가 이미 에이미에 대한 소문을 들었음이 틀림없었다.

모임이 열렸던 장소가 후덥지근하고 답답했기 때문에 토마스 워커와 그의 아내는 에이미에게 밖으로 나가 산책하며 이야기를 계속하자고 제의했다. 세 사람은 장미가 아름답게 피어 있는 정원으로 나갔다.

10여 분 동안 토마스가 얘기했던 강의 주제를 놓고 토론을 벌인 후, 그제야 에이미는 말하고 싶었던 본론을 꺼냈다. "워커 씨, 저는 가능한 한 빨리 타밀어를 배우고 싶어요. 그러나 생각만큼 진전이 없네요. 만약 제가 진흙 발린 오두막에서, 타밀어를 쓰는 인도인 가족과 함께 산다면 어떨까요? 영어를 쓰지 않고 종일 타밀어로만 얘기한다면, 언어가 빨리 늘지 않을까요?"

에이미는 토마스 워커를 올려다보았다. 그는 한동안 아무 대답도 하지 않았다. "제 생각에 대해 어떻게 생각하시죠?" 에이미가 대답을 재촉하듯이 다시 물었다.

이윽고 그가 약간 퉁명스러운 어조로 말했다. "에이미 자매는 그런 환경에서 오래 살아남지 못할 거예요."

"저는 선교기지에서 썩느니 차라리 인도 가정에서 죽고 싶어요." 에이미도 지지 않고 맞섰다.

"내 말이 그 말이요. 인도 가정에서 살면 죽는다는 거지요." 토마스 워커는 농담이 아니라는 듯 심각한 얼굴로 에이미의 말을 받았다.

에이미는 그 말이 믿기지가 않았다. 토마스 워커라면 자신의 생각에 동의해 줄 거로 생각했는데, 오히려 그렇게 무례한 충고를 하다니! 그 역시 별수 없는 사람인가? 토마스의 반대가 만만치 않자 에이미도 자신의 계획을 포기할 수밖에 없었다. 자신과 맞먹는 상대가 나타났다는 사실을 에이미도 이미 직감하고 있었는지도 모른다. 토마스 워커는 에이미만큼이나 의지가 강하고 고집스러운 사람이었다.

얼마 지나지 않아 두 사람은 한 가지 공통적인 상황에 부닥치게 되었다. 그들 모두 중대한 결정을 앞에 두고 있었으며, 그 결정으로 말미암아 두 사람은 남은 평생 가장 친밀한 사역의 동역자가 되었다.

토마스 워커는 1885년도에 인도 선교지부의 책임자가 되었다. 하지만 이제는 책임자의 지위에서 물러나고 싶어 했다. 가끔 모임에서 강의를 하는 정도를 제외하면, 그의 시간은 대부분 사무실에서 서류에 파묻혀 지내는 데 사용되었다. 그는 에이미가 느끼는 절망감을 잘 알고 있었다. 그러나 에이미에게 그러한 생각을 내색하지는 않았다. 선배 입장에서 자신 역시 동일한 절망감을 안고 있다고 말하기가 곤란했기 때문이다. 토마스 역시 에이미와 같은 생각이었다. 그 역시 인도인들과 함께 살고 싶었다. 그는 종일 답답한 사무실에 앉아 하얀 얼굴의 백인들만 바라보고 있어야 하는 상황이 몹시도 불만스러웠다. 그는 이제 변화를 원했다.

그 주간 오티에서의 모임이 끝날 무렵, 에이미는 토마스 워커에 대한 서운한 마음을 누그러뜨렸다. 토마스가 인상적인 제의를 해 왔기 때문이다.

토마스는 에이미가 현재의 선교기지에서 여러 가지 제약으로 만족하지 못하고 있는 것 같으니, 토마스 워커 부부와 함께 살면서 타밀어를 배우면 어떻겠냐고 제안해 왔다. 만약 에이미가 그 제의를 받아들인다면, 제나나 선교회와 연관된 다른 제반 사항들은 자신이 처리해 주겠다고 했다. 벵갈루루를 떠난 지 꽤 오랜 기간이 지났건만, 에이미는 그곳으로 돌아가고 싶은 마음이 전혀 없었다. 결국 에이미는 워커 부부와 함께 살기로 결단을 내렸다.

에이미가 워커 씨의 집으로 옮기는 날은, 워커 부부가 책임자의 자리를 내려놓고 사무실에서 나오는 날이기도 했다. 그리하여 토마스 워커 선교사와 에이미 카마이클 선교사는 동일한 날, 함께 새로운 선교 사역의 장을 펼치게 되었다.

오래전부터 토마스 워커는 몇 명의 전도 단원을 모아 인도 남부의 티루넬벨리 지역을 돌아다니며 전도하길 희망했다. 티루넬벨리는 남인도의 중앙에 있는 지역이었고, 동쪽의 만나르 만과 서쪽의 아라비아 해에서 내륙 쪽으로 거의 비슷한 거리만큼 떨어져 있었다. 서고츠 산맥이 중간에 가로놓여 내륙과 아라비아 해를 분리했다.

토마스 워커는 지금이야말로 자신의 오랜 꿈을 실천에 옮길 때라고 생각했다. 그는 에이미와 함께 '판나이빌라이'라고 하는 그 지역의 작은 마을로 옮기기로 했다.

마침내 1897년 7월 말, 워커 부부와 에이미는 그들의 새로운 보금자리인 작은 오두막에 정착했다. 얼마 지나지 않아 에이미의 타밀어 실력이 몰라보게 향상되었다. 워커 부부는 훌륭한 타밀어 교사가 되어 주었다.

1년 동안 함께 살면서 에이미는 토마스 워커가 자신만큼이나 고집 세고 자기주장이 강하다는 사실을 느꼈다. 두 사람은 함께 일하면서 어떤 문제에 대해 의견과 생각이 다를 때면, 상대방의 감정이 상하지 않는 지혜로운 방법으로 서로의 의견을 들어주기로 했다. 그것은 퍽 다행스러운 일이었다. 왜냐하면 나름대로 생각하고 주장하는 것들이 판이할 때가 잦았기 때문이다.

또한 그 해에 벌어진 한 사건은 에이미에게 평생 잊지 못할 교훈을 안겨 주었다. 그것은 '팝파말'이라고 하는 인도 소녀에 얽힌 사건이었다.

팝파말은 판나이빌라이 부근의 팔람코타라는 마을에 사는 열다섯 살의 소녀였다. 여러 가지 사역 덕에 팔람코타에서는 기독교 전도 활동이 활발하게 이루어지고 있었다. 어느 날 팝파말도 복음을 전해 듣게 되었고, 에이미에게 자신도 기독교인이 되고 싶다고 얘기해 왔다. 물론 그것은 그 소녀와 연관된 모든 사람에게 어려운 결단을 요구하는 일이었다. 우선 팝파말을 어딘가 안전한 곳에 숨겨 주어야 했다. 팝파말이 기독교인이 되면 십중팔구 가족들의 손에 죽임당할 게 뻔했기 때문이다.

또한 팝파말의 개종은 선교사들에게도 상당한 어려움일 수 있었다. 상류층의 신분에 속하는 사람이 개종할 때면 과격한 현지인들이 선교사들을 온갖 방법으로 핍박하며 괴롭혀 왔기 때문이다. 개종자가 생기면, 마을 전체의 힌두교인이 기독교인들을 눈엣가시처럼 여기며 못살게 굴었다. 기독교 학교를 강제로 폐쇄하기도 하고, 교회 건물을 부수거나 선교사들을 때렸다. 십지어 법정에 고소하기도 했다. 선교사들에게 있어서 팝파말의 개종을 허용하는 것은 고난을 자처하는 일이나 다를 바가 없었다. 팔람코타의 기독교인들은 이 모든 상황을 신중히 고려했고, 팝파말이 진정으로 힌두교의 우상숭배를 거부할 믿음을 갖고 있다면 어떤 대가를 지불하더라도 안전하게 지켜 주자고 합의했다.

사람들은 다 함께 작전을 짰다. 우선 에이미가 팝파말 가족 몰래 팝파말을 만나서 오티로 데려가기로 했다. 그러면 오티에서 한 인도인 여 성도가 팝파말을 돌봐 주기로 했다. 사람들의 눈을 피해 오티로 간다는 것은 위험한 여행이었지만, 감사하게도 두 사람은 무사히 목적지에 도착했다. 에이미는 한 소녀를 힌두교로부터 구하는 일에 한몫을 해냈다는 사실이 몹시 기뻤다. 그리고 이것이 바로 인도 선교사의 삶이라고 에이미는 믿었다.

한편 팔람코타에서는 적지 않은 소동이 벌어지고 있었다. 팝파말이 카스트 제도를 어기고 가족을 떠난 사실이 마을에 알려지자, 사람들은 이제 선교사들과 상종도 하지 않으려고 했다. 부모들은 자녀를 더 이상 기독교 학교에 보내지 않았고, 마을 사람들은 죽는 한이 있어도 선교사들이 운영하는 진료소에는 결코 발길을 들여놓지 않겠다고 맹세했다.

오티의 산장에서는 '전도 부인'이라고 불리는 인도인 여

성도가 팝파말을 잘 지켜 주고 있었다. 그런데 불행인지 다행인지 전도 부인이 팝파말을 충실히 지켜본 덕에, 팝파말의 비밀이 밝혀지고 말았다.

어느 날 밤, 전도 부인은 팝파말이 머물고 있는 방 창문에 한 남자의 모습이 어른거리는 것을 발견하게 되었다. 다음 날 아침 일찍 전도 부인은 팝파말을 불러 자초지종을 물었고, 마침내 지금까지 팝파말이 선교사들에게 했던 모든 말이 완전 거짓이었음이 드러났다.

팝파말은 기독교인이 된 것이 아니었고, 그러고 싶은 마음도 없었다. 팝파말이 원하는 것은 오직 하나, 다른 카스트에 속하는 남자와 결혼하는 것이었다. 물론 그것을 팝파말의 부모가 허락할 리는 만무했고, 결국 두 사람은 교묘한 꾀를 생각해 내기에 이르렀다. 그것은 바로 팝파말이 개종을 하는 척해서 선교사의 도움을 받아 집에서 도망쳐 나오는 것이었다. 그래서 그들은 선교사가 팝파말을 데리고 다른 지역으로 몰래 들어가 주기를 바랐고, 결국 그들의 계획대로 모든 일이 이루어졌다.

다음 작전은 팝파말의 애인 역시 기독교인이 되겠다고 하고서 집을 나와, 두 사람이 결혼을 하는 것이었다. 하지만 그들의 속셈을 알아낸 전도 부인이 가만히 있을 리는 없었으므로, 그들의 다음 작전은 완전 실패로 돌아가고 말았다.

전도 부인은 팝파말과 그녀의 애인을 불러, 불같이 화를 냈다. 이기적인 욕심으로 팔람코타의 선교사들을 곤경에 몰아넣고, 선교 사역에 걸림돌이 되어 버리다니! 전도 부인은 즉시 팝파말의 아버지에게 전갈을 보내, 어서 딸을 데려가라고 했다. 그러자 팝파말의 아버지는 더 이상 딸을 보고 싶지 않다는 전갈을 보내왔다. 그러나 순순히 물러날 전도부인이 아니었다. 팝파말을 앞세우고 직접 팔람코타로 온 전도 부인은 팝파말의 집 앞에 그녀를 세워 두고 떠나 버렸다.

그러나 팝파말이 집에 돌아온 것으로 문제가 끝난 것은 아니었다. 팝파말의 부모가 선교사들을 대상으로 소송을 제기했기 때문이다. 그들은 팝파말이 아직 열여섯 살도 안 된 것을 내세워, 미성년자인 자신들의 딸을 선교사들이 '꾀였다'고 주장했다. 한술 더 떠서 팝파말도 선교사들을 대상으로 소송을 제기하여, 자신은 선교사들에 의해 납치된 것이라고 주장했다. 이 말도 안 되는 소송 사건은 거의 1년을 끌었고, 선교사들은 법정을 오가며 사건의 진상을 밝히느라 곤욕을 치렀다. 어떤 힌두교도들은 선교사들이 힌두교 소녀를 '꾀어내어 납치한' 것을 절대로 용납해서는 안 된다고 하면서, 자신의 자녀가 기독교인 근처에 얼씬도 하지 못하도록 막았다.

이 모든 상황을 겪으면서 에이미는 자신을 비롯한 다른 많은 선교사와 기독교인들이 한 소녀의 농간에 그토록 쉽게 넘어간 사실에 대해 놀라워했다. '어떻게 이런 일이 일어난 것일까?' 에이미는 자신에게 이러한 질문을 계속해서 던졌다. 그와 유사한 사건이 또다시 발생하지 말라는 법은 없다는 생각이 들었다. 앞으로는 두 눈을 크게 뜨고 항상 냉정하게 상황을 분별해야 한다고 되뇌이는 에이미였다.

Chapter 11

별무리 전도대

날이 갈수록 에이미의 실망은 이만저만이 아니었다. 1년이 넘도록 에이미의 친구이자 동역자로 지냈던 인도인 하녀가 다시는 돌아오지 않으리라는 것을 깨달았기 때문이다. 그 하녀는 에이미가 뱅갈루루에서부터 워커 씨 집으로 옮겨 오기까지 계속 함께 다닌 사람이었다. 그 하녀의 신앙심이 돈독했기 때문에, 에이미는 그 하녀가 자신과 함께 부근의 마을을 다니며 전도하는 여성 사역자가 될 수 있으리라 기대하고 있었다.

어느 날 그 하녀는 나이 드신 어머니를 보러 가겠다고 에이미에게 말했다. 그런데 한 달이 지나자, 일주일 더 머물겠다는 전갈이 왔다. 그리고 또 일주일이 지났고, 다시 일주일이 지났다. 마침내 또 다른 일주일이 지나자 에이미는 그녀가 돌아오지 않을 작정임을 알게 되었다. 이제 그녀를 대신할 만한 사람을 찾아야 했다. 하지만 에이미와 함께 부근의 시골 마을들을 다니며 전도할 만큼 신분이 자유로운 여인을 어떻게 찾을 수 있겠는가?

인도 여자들은 대부분 열여섯 살이 되면 결혼을 했다. 그보다 더 어린 나이에 결혼하는 여자아이들도 많았다. 그러니 에이미와 함께 전도 사역을 할 사람을 찾기가 쉽지 않았다. 자신의 아내가 여기저기 다니며 전도하도록 허락해 줄 인도인 남편이 대체 어디에 있겠는가? 인도 남자들은 자신의 아내가 마을은커녕 집 밖에 나가는 것조차 허락하지 않았다. 인도에서는 남편의 권위가 절대적이었다. 즉, 에이미의 전도 대원이 된다는 것은 인도의 관습을 깨트려야 한다는 의미였다. 그런 위험을 감수할 만한 신앙심 깊은 여인을 대체 어디에서 찾는단 말인가? 아니, 그럴 만한 여인이 인도 땅에 있을지조차 의문이었다. 그러나 에이미는 그 문제를 놓고 열심히 기도하기 시작했다. 영국과 아일랜드에 있는 친구들에게도 편지를 보내, 함께 기도해 달라고 요청했다.

그즈음 에이미는 워커 부부와 함께하는 기본적인 타밀어 공부를 끝마쳤다. 이제 판나이빌라이 지역을 돌아다니면서 새로 배운 언어를 사용해 사람들과 직접 대화하고 싶은 열망이 더욱 간절해졌다.

에이미는 일본에 있을 때 기모노를 입고 나가면 일본인들의 주목을 받지 않고 사람들과 쉽게 어울릴 수 있었던 것을 떠올렸다. 그래서 판나이빌라이 지역을 돌아다닐 때에도 인도 여인처럼 사리를 입기로 했다. 그러나 일본과 인도는 상당한 차이가 있었다. 일본과 달리 인도는 영국의 식민지였다. 인도에 사는 영국인들은 가능한 한 영국 문화가 인도 문화보다 훨씬 우월하다는 것을 증명해 보이려 애를 썼다. 찻잔을 잡을 때면 새끼손가락을 살짝 밖으로 뻗어야 한다는 사소한 것에서부터 시작해 영국의 최신식 유행 옷만을 입었다. 심지어 인도 방식대로 무언가를 하려는 영국인을 발견하면, 즉시 모든 사람이 반발하고 나섰다.

인도 방식을 따르기로 한 에이미 역시 영국인들의 만만치 않은 반대에 부딪혔다. 에이미에게 지지를 보내 준 사람은 오직 토마스 워커뿐이었다. 그는 에이미가 사리를 입으므로 얻게 될 유익을 잘 알았다. 그러나 토마스 이외의 어느 누구도 그것을 알아주지 않았다. 사리를 몸에 걸치는 순간부터 에이미는 주변의 영국인들과 다른 기독교인들의 입에 오르내리며 온갖 험담과 비난에 시달려야 했다.

마치 무지개 같은 빛깔의 사리는 총천연색의 옷감을 사용하여 만들어 입는, 인도 여인의 전통의상이었다. 부유한 여인은 화려한 자수가 놓인 비단 사리를 100개 이상 소유하고 있었다. 반면에 가난한 여인은 그저 2-3개 정도의 무늬 없는 면 사리만 갖고 있었고, 몹시 가난한 여인에게는 보통 흰색 사리 1개밖에 없었다.

에이미 역시 수가 놓인 화려한 색상의 비단 사리가 더 마음에 들었지만, 일부러 무늬 없는 흰색 사리를 골랐다. 생전처음 기다란 흰색 천으로 자신의 몸을 감싸면서 에이미는 자신이 입는 사리로 인해 인도 여인에게 전도할 수 있는 문이 열리게 해 달라고 기도했다.

그 당시 에이미는 '폰남말'이라고 하는 스물세 살의 과부를 유심히 주목하고 있었다. 폰남말의 시아버지는 지역 교회의 집사였다. 그러나 그는 당시 대부분 현지인 기독교인처럼 힌두의 관습을 버리지 못하고 있었고, 집 안에 우상을 두거나 카스트 제도를 철저히 지키고 있었다. 무엇보다 그는 에이미가 보기에 가장 악질적인 힌두 관습을 따르고 있었는데, 그것은 바로 폰남말에 대한 대우였다. 인도 여인이 결혼을 하면 남편의 소유물처럼 취급되었다. 그래서 남편이 죽어도 친부모에게 돌아갈 수 없었고, 시집에 남아 시아버지의 소유물처럼 취급당했다. 폰남말의 시아버지도 마찬가지였다. 폰남말은 시아버지의 하녀나 다를 바가 없었다. 청소, 요리, 물 긷기 등의 온갖 집안일을 도맡아 했으며, 친구나 친척은 일체 만날 수 없었다. 그나마 폰남말에게 허용되는 일은 오직 하나, 주일에 교회를 가는 것이었다. 토마스 워커의 부인은 교회에서 폰남말과 친하게 지냈다. 재능 있고 영리한 폰남말이 그 재능을 아깝게 썩히고 있는 것이 안타까웠던 워커 씨 부부는 그녀의 시아버지를 은근히 강권하여, 폰남말이 주일학교에서 교사로 봉사하도록 주선했다.

폰남말은 주일학교에서 아이들을 가르치는 것을 무척이나 좋아했다. 폰남말의 신앙심은 매우 돈독했고, 게다가 매우 유능한 교사였다. 에이미는 인도 여인이 교회의 책임 있는 위치에서 일하는 것이 무척이나 기뻤다. 아울러 그녀와 함께 일할 길이 없을지 생각했다. 에이미가 그런 뜻을 내비치자, 폰남말은 자신 역시 에이미와 함께 일하고 싶은 마음이 간절하지만 시아버지가 절대로 허락해 주지 않을 거라고 말했다.

에이미는 이 문제를 교회 목사와 토마스 워커에게 얘기했고, 목사와 토마스가 폰남말의 시아버지를 집요하게 설득한 결과 마침내 그도 허락을 해주었다. 허락한 후에 재빨리 자신의 결정을 후회하긴 했지만, 이미 때는 늦은 후였다.

에이미와 함께 일해도 좋다는 시아버지의 허락이 떨어지자마자 폰남말은 에이미에게 달려왔고, 다시 시집으로 돌아가지 않으려 했다. 시아버지는 에이미에게 단단히 화를 내며 에이미를 '무살 미씨'라고 불렀다. 무살은 타밀어로 '산토끼'라는 의미였는데, 에이미가 자신의 며느리 폰남말을 재빨리 낚아챘다고 비난하는 것이었다. 어쨌든 여러 사람이 보는 앞에서 폰남말이 떠나도록 승인을 해준 이상 시아버지에게는 그녀를 돌아오게 할 법적 권리가 없었다. 그래도 에이미는 약간 두려운 마음이 들었다. 훌륭한 조력자를 얻은 것은 분명하지만, 폰남말과 시아버지가 원수 사이가 되어 버린 듯해서 안타까웠다. 언젠가는 시아버지가 에이미를 제압하고 폰남말을 데려갈지도 몰랐다.

폰남말이 에이미에게 온 지 얼마 지나지 않아서 또 다른 인도 여인이 에이미와 합류했다. '셀라무투'라는 이름의 여인이었는데, 오히려 가족들은 그녀가 떠난 것을 속 시원해했다. 셀라무투는 가족에게 짐만 되는 존재였다. 왜냐하면 그녀가 한쪽 팔이 없는 불구였기 때문이다. 셀라무투는 어렸을 때 사고로 오른팔을 잃었고, 그 이후 가족에게 쓸모없는 존재가 되고 말았다. 인도에서 팔이 하나밖에 없는 여자와 결혼할 남자는 그 누구도 없었다. 옥수수도 찧지 못하고 옷감을 짜지도 못하며, 아기조차 안을 수 없는 여인을 누가 아내로 맞겠는가? 그래서 셀라무투의 가족들은 그녀를 집 뒤편의 더러운 헛간 구석에 숨어 살게 했다.

그러던 어느 날, 우연히 셀라무투는 에이미가 기독교 여인들을 모아 전도대를 만든다는 얘기를 전해 들었다. 그래서 가족에게 그들과 함께 일하고 싶다고 얘기했다. 물론 가족들은 기다렸다는 듯이 셀라무투를 보내 주었지만, 한편으로는 얼마 못 있어 다시 집으로 기어들어 올 것이 뻔하다고 빈정거렸다. 영국 여인이 어디가 부족해서, 팔이 하나뿐인 하녀를 쓴단 말인가? 그러나 부모의 생각과는 반대로 에이미는 셀라무투를 기쁘게 환영했다. 하나님이 보낸 사람이라면 누구라도 상관없다고 생각하는 에이미에게 팔이 하나뿐이라는 사실은 문제가 될 리 없었다.

곧이어 또 다른 여인이 에이미와 함께 일하고 싶다고 말했다. '마리알'이라는 이름의 그 여인은 하나님이 자신에게 복음을 전하는 사명을 주셨다고 했다. 한 가지 문제는 마리알이 결혼한 여인이라는 점이었다. 에이미는 결혼한 여인을 전도대에 참여시키려 하지 않았다. 여러 가지 문제가 발생할 수 있었기 때문이다. 우선 에이미는 마리알의 남편을 직접 만나 보기로 했다.

마리알의 남편을 만나 얘기를 나누면서 에이미는 깜짝 놀랄 수밖에 없었다. 다른 인도인 남성과 달리, 그는 자신의 아내에게 전도의 사명이 있음을 수긍했을 뿐만 아니라 기회만 주어지면 전도대 활동을 하기 바란다고 얘기했다. 인도인 남성으로는 매우 보기 드문 태도였기 때문에, 에이미는 혹시 그들에게 무언가 다른 속셈이 있는 것은 아닌지 의아해졌다. 하지만 기도 중에 하나님이 마음의 확신을 주셨고, 마침내 에이미는 마리알이 전도대의 일원이 되도록 허락했다. 아울러 마리알의 남편은 전도대의 식사를 책임지는 요리사가 되겠다고 자원했다.

드디어 에이미와 몇 명의 인도 여인으로 구성된 전도대가 결성되었다. 그들은 인도의 전통적인 여성 역할에서 벗어나 하나님의 말씀을 곳곳에 전파할 사람들이었다. 전도대의 이름을 어떻게 정할지 논의하고 있는데, 한 여인이 '별무리'라는 이름이 어떨지 제안했다. 에이미는 깔깔 웃었다. 별로 어울리는 이름은 아니었지만 상관없었다. 게다가 성경을 보면 "많은 사람을 옳은 데로 돌아오게 한 자는 별과 같이 영원토록 비취리라"(단 12:3)라고 하지 않던가! 에이미는 별무리 전도대라는 이름으로 행해질 자신들의 사역이 4천 개의 힌두 사원이 즐비한 티루넬벨리 지역의 사람들을 진정 옳은 데로 이끄는 도구가 되게 해 달라고 기도했다.

1897년, 성탄절이 가까워져 올 무렵부터 별무리 전도대는 인근 마을을 다니며 전도하기 시작했다. 그들은 덜컹거리는 소달구지를 타고 다녔다. 달구지 위에 풀을 둥글게 엮어 지붕을 만들어 달기는 했지만, 옆에는 아무것도 가린 것이 없었다. 그래서 다니기가 쉽지 않았다. 인력거를 타면 달구지보다 더 흔들거렸다. 그렇게 돌아다니기란 여간 어려운 것이 아니었다. 특히 한여름 무더위 속에서 다니려면 녹초가 되었다. 서늘한 저녁에 다니는 것이 훨씬 좋았을 테지만, 위험하므로 그럴 수는 없는 노릇이었다.

인도 여인들은 누구나 여러 개의 장신구를 늘 차고 다녔다. 비록 무늬 없는 평범한 사리를 입는 사람 또한 장신구는 빼놓지 않았다. 여인들이 차고 다니는 코걸이, 귀걸이, 팔찌나 발찌 등의 장신구들은 모두 금으로 만든 것들이었다. 금 장신구를 많이 찰수록 그 여인의 가족이 부자며 좋은 가문임을 상징했다. 인도 여인은 장신구를 차지 않고는 절대로 밖으로 나가지 않았다. 별무리 전도대에 속한 여인들도 예외가 될 수 없었다. 그런데 밤에 나다니는 여인들은 두말할 것도 없이 좀도둑들의 표적이 되었다. 마을 주변에는 지나가는 사람을 노리는 도둑과 강도들이 언제나 진을 치고 있었다.

그 지역 대부분 마을은 성벽으로 둘러싸여 있었다. 소달구지를 탄 채로 온몸이 흔들리며 힘들게 목적지에 도착하고 나면, 그들은 숙소로 사용할 천막을 성벽 밖에 쳤다. 주로 그들은 냇가의 그늘진 곳에 천막을 쳤다. 그런 다음에는 인근의 마을을 돌아다녔다. 새벽 동이 터 올 무렵이 되면 그들은 성벽 문을 지나 마을의 시장터로 들어갔다. 시장에서는 2명씩 짝을 지어 나무 그늘 같은 조용한 장소에 앉았다. 그러고는 기도하며 기다렸다. 종종 한 명이나 몇 명의 여인이 먼저 그들을 발견하여 다가와 말을 걸기도 했다. 정오가 되면 그들은 천막으로 돌아와 점심을 먹고 함께 성경을 공부했다. 성경공부를 마치고 나서 오후 시간에는 오전에 만나 이야기했던 여인들을 위해 기도했다. 그러고 나면 다시 마을에 들어가 저녁까지 있었다.

그들은 거리에서 노래하며 전도하거나 공개적인 집회를 열기도 했다. 그리고 항상 작은 오르간을 들고 다니다가, 찬송을 부르면서 오르간을 연주했다. 예상대로 여인과 아이들만이 몰려들어 그들의 이야기를 들었다. 남자들은 아무도 듣지 않았다. 인도에서는 남자들이 여자들의 말에 귀를 기울인다는 것은 생각도 못할 일이었기 때문이다.

무더운 날씨에 돌아다니며 전도하기란 쉬운 일은 아니었다. 그러나 전도대원 그 누구도 불평하지 않았다. 하나님을 위해 무언가를 할 수 있다는 사실에 보람을 느낄 뿐이었다. 가끔 토마스 워커도 그들의 전도여행에 동참할 때가 있었다. 그럴 때면 몇 명의 남자를 모아 별무리와 비슷한 전도대를 만들었다. 그리하여 두 전도대가 함께 마을을 돌아다니며 전도하기도 했다.

별무리 전도대가 낯선 마을에 발을 들여놓을 때면, 전혀 예기치 못한 일이 벌어졌다.

어느 날 에이미는 상위 카스트에 속하는 여인과 진지한 토론을 벌이게 되었다. 그런데 대화 도중 실수로 그만 에이미가 여인의 팔을 건드리게 되었는데, 순간 여인이 발작적으로 비명을 질렀다. 에이미는 자신이 치명적인 실수를 했음을 깨달았다. 카스트에 속하지 않거나 하위 카스트에 속하는 사람이 상위 카스트에 속하는 사람을 손으로 만진다는 것은 인도 사회에서 상상도 못할 일이었던 것이다. 에이미는 사과를 하고 용서를 구했지만, 소용이 없었다. 에이미는 그 여인에게 복음을 전할 기회를 영영 놓쳐 버리고 만 것이다.

한번은 '블레싱'이라는 이름의 인도인 과부가 전도여행에 참가하게 되었다. 그 여인은 에이미가 가르치던 기독모임을 통해 새로 믿게 된 신자였다. 에이미와 블레싱은 한 여인을 만나 이야기를 시작했다. 대화 중에 에이미는 그 여인이 고전 문학에 상당한 지식이 있음을 알아채고 신기하게 생각했다. 당시의 인도 여성으로서는 드물게 높은 교육을 받았음이 분명했다. 새로 믿음을 갖게 된 블레싱은 자신도 그 대화에 끼어들었다. 그러나 블레싱의 언행은 그녀가 낮은 계층의 카스트에 속한다는 것을 금세 드러내고 말았다. 인도 사회에서는 하위 사람이 상위 카스트의 사람에게 함부로 이야기를 건다는 것은 있을 수 없는 일이었다. 천민에 속하는 여인이 자신에게 말을 걸었다는 사실에 분개한 여인은 블레싱에게 큰소리로 호통을 쳤다. 블레싱은 그저 미소를 띠며 그 말을 듣고 앉아 있을 뿐이었다.

이윽고 그 여인의 호통이 끝나자, 블레싱은 그 여인의 눈을 똑바로 바라보며 이렇게 말했다. "저는 주님을 믿게 된 지 얼마 되지 않았어요. 저의 믿음은 한 달밖에 되지 않았고, 당신이 말씀하신 것처럼 아는 것이 전혀 없는 무식한 사람이랍니다. 하지만 제 마음속에는 하나님의 평안과 기쁨이 있어요. 이 기쁨이야말로 세상의 모든 지식보다 낫지 않겠어요?"

블레싱의 말이 끝나자 여인은 사리를 추어올리고 에이미

를 노려보더니, 휑하니 가 버렸다. 여인이 가고 난 뒤 에이미는 블레싱에게 인도 여인으로 저렇게 높은 교육을 받을 수도 있는 것인지 물어보았다. 블레싱이 들려준 대답은 이후 에이미의 남은 생에 지대한 영향을 미치게 되었다.

블레싱의 말에 의하면, 그 여인은 어렸을 때 힌두 제사장들에게 바쳐진 신전 창기였다. 일반적으로 신전 제사장들은 창기들이 신전에서 몸을 파는 대신 그들이 자라는 동안 교육을 시켜 주었다고 했다. 그리고 블레싱은 신전 창기 중에는 기독교인이 한 명도 없다는 말을 덧붙였다. 왜냐하면 방금 에이미와 이야기 나누었던 나이 든 창기를 제외하고 바깥출입을 할 수 있는 창기는 전혀 없었기 때문이다. 대부분 창기는 신전에 갇혀 감옥살이나 다름없는 생활을 할 수밖에 없었다. 그 이야기를 들은 에이미는 가슴이 미어지듯 아팠다.

한편, 별무리 전도대 여인들은 에이미를 감동시켰다. 그들은 진정한 선교사들이었다. 당시에는 인도인을 고용하면 (심지어 그가 기독교인일지라도) 하루 임금에 해당하는 '바타'라고 하는 임금을 지불해야 했다. 첫 전도여행을 마친 뒤 전도대원들이 각자의 집으로 돌아갈 때도 에이미는 그들에게 바타를 지불했다. 그런데 한 시간쯤 후에 그들이 에이미를 찾아왔다. 에이미는 주방에서 편지를 쓰고 있었는데, 그들은 에이미 앞에 서서 한 사람씩 차례로 자신이 받은 바타를 식탁 위에 올려놓았다. 폰남말은 "우리는 이 돈을 받고 싶지 않아요. 이 돈 없이도 우리는 살 수 있어요. 차라리 이 돈을 다른 선교 사역에 사용하면 좋겠어요"라고 말했다.

감격을 이기지 못한 에이미의 눈에 눈물이 어렸다. 벵갈루루에서 선교사들과 나눈 대화가 생각났다. 선교사들은 보수 없이 그저 하나님을 사랑하는 마음으로 봉사하는 인도 기독교인들은 전혀 없다고 얘기했다. 그러나 하나님은 에이미에게, 하나님을 사랑한 나머지 아무런 대가 없이 기꺼이 일하는 별무리 전도대 여인들을 허락하셨다.

몇 주 후, 에이미를 감동시키는 일이 또 일어났다. 전도대의 요리사로 일하는 마리알의 남편 역시 며칠 동안의 마을 전도여행을 마친 뒤 집으로 돌아가는 길이었다. 평소 그는 말이 별로 없는 사람이어서 속마음을 읽기가 어려웠다. 그런데 그가 불쑥 마리알에게 이렇게 말했다. "이제 당신의 장신구들을 벗으면 좋겠군. 우리처럼 예수님을 따라가는 삶을 사는 사람에게 장신구는 어울리지 않아요." 그 말을 들은 마리알은 즉시 그 자리에서 코와 팔목과 발가락에 끼고 있던 모든 장신구를 벗어 남편에게 주었다. 인도 여인으로서 쉽지 않은 일이었지만, 마리알은 당연한 일을 했다는 듯 아무렇지도 않은 표정을 지었다.

옆에 있던 폰남말과 셀라무투는 휘둥그레진 눈으로 마리알을 바라보았다. 어떻게 장신구들을 벗을 수 있단 말인가? 장신구를 하지 않으면 사람들은 이제 마리알을 제일 낮고 천한 불가촉천민으로 여길 것이 틀림없었다. 그것은 시집 식구들에게 엄청난 모욕이 아닐 수 없었다. 그러나 장신구를 벗으라고 요구한 사람이 다름 아닌 마리알의 남편이었으니 달리 할 말이 없었다. 폰남말과 셀라무투는 곰곰이 생각에 잠긴 표정을 짓더니 조용히 걸음을 옮겼다.

판나이빌라이에 도착했을 때 그들은 에이미에게 이렇게 말했다. "마리알이 차고 있던 장신구를 전부 벗어 버렸어요." 에이미는 고개를 끄덕였다. 에이미 역시 마리알이 그렇게 하는 것을 뒤에서 보았던 것이다. "우리도 장신구들을 벗어 버리기로 했어요." 폰남말이 계속해서 말했다. "예수님을 사랑하는데 이까짓 장신구들이 무슨 가치가 있겠어요?" 폰남말은 자신이 차고 있던 장신구들을 하나씩 벗었고, 옆에 있던 셀라무투 역시 그렇게 했다. 이제 에이미 앞에 서 있는 두 사람은 아무런 장신구도 차고 있지 않았다.

에이미는 그들을 바라보며 흐뭇한 미소를 지었다. 전통적인 사회의식을 거스르는 행동을 하기란 용기가 없이는 불가능하다. 그러나 이들은 하나님을 사랑하기 때문에 용기를 내어 어려운 결단을 내렸다.

하지만 모든 기독교인이 동일한 생각을 품고 있는 것은 아니었다. 그 이야기를 들은 폰남말의 시아버지는 펄쩍 뛰며 화를 냈다. 그는 "감히 장신구를 벗어 버리고 천민처럼 행동하겠다는 것이냐!"라며 호통을 치면서, 자신의 분노를 교인들에게 퍼붓고 교회에 강한 불만을 표시했다. 그는 이 기회를 빌미 삼아 별무리 전도대를 해체시키고 며느리를 집으로 데려올 속셈이었다. 그러나 아무리 그가 교회에 분란을 일으키려 해도 교회의 목사는 에이미와 별무리 전도대를 한 마디도 비난하지 않았다. 오히려 목사는 에이미에게 예수님을 따라가는 삶이 어떤 의미인지를 교인들이 비로소 깨닫기 시작했다고 말했다.

Chapter 12

빛 속에 살게 해주세요

판나이빌라이 부근에는 '커다란 호수'라고 불리는 마을이 있었다. 그 마을에는 인도 남자아이들을 위한 기독교 학교가 하나 있었는데, 여자아이들도 몇 있었다. 그러나 아이들의 부모 중에는 기독교인이 없었다. 학교가 개교한 지 60년이 지났건만 변함이 없었다. 기독교인들이 운영하는 학교였음에도, 마을 사람들은 자신의 자녀가 기독교의 영향을 받으리라는 염려는 별로 하지 않는 듯했다.

그런데 1895년에 에이미가 인도에 도착한 해에, 학교 교장의 아내로부터 성경책을 받은 열세 살의 한 여학생이 몰래 성경을 읽고서 기독교인이 되기로 결심했다. 그러나 그 사실을 아는 사람은 아무도 없었다. 그 소녀는 부모를 비롯해 어느 누구에게도 자신의 개종 사실을 말하지 않았고, 가정에서의 힌두 풍습도 그대로 따랐다. 오빠들은 매일 그 소녀의 이마에 시바 신의 재를 발라 주었다. 이마에 재를 바르는 것은 힌두 신을 숭배한다는 표시였다.

3년 후, 학교를 졸업한 다음에 그 소녀는 인도의 풍습에 따라 집 안에서만 생활했다. 거의 2년 동안 대문 밖을 나가볼 수도 없었다. 집안일을 하는 동안에도 소녀는 자신이 읽었던 성경말씀을 생각했다. 그리고 더는 숨어서 신앙생활을 하지 않고 공개적으로 자신의 신앙을 알려야겠다고 생각하게 되었다. 소녀는 다른 기독교인들처럼 자신 역시 성경공부 모임에도 참석하고, 가족에게도 복음을 전하고 싶었다. 그러나 자신이 기독교인임을 공개적으로 드러내려면 목숨을 잃을 것을 각오해야 한다는 사실도 잘 알고 있었다. 그럼에도 소녀는 숨어서 믿는 생활을 더는 견딜 수 없었다.

그러던 어느 날, 아버지와 형제들이 별무리 전도대에 대해 말하는 소리를 듣게 되었다. 비록 그들을 비난하는 얘기였지만, 소녀에게는 귀가 번쩍 뜨이는 말이었고, 그 '전도대'라는 사람들에게 이상하리만치 마음이 끌렸다.

어느 날 밤, 모든 가족이 잠들어 있는 사이 소녀는 살며시 자리에서 일어났다. 등에서는 식은땀이 흘러내렸다. 소녀는 몰래 집을 빠져나가 도망칠 참이었다. 소녀의 목적은 별무리전도대에게 가는 것이었다. 그러나 행여 누군가의 눈에 들키기라도 한다면 큰일이었다. 그렇게 되면 강제로 집에 끌려와 가족들에게 몰매를 맞게 될 것이 뻔했다. 심지어 다음 날 아침 싸늘한 시신이 되어 우물 바닥에 누워 있을지도 몰랐다. 하지만 집을 벗어나고 싶은 욕망이 너무 강했던 소녀는 뒷일까지 걱정할 틈이 없었다.

소녀는 잠든 어머니를 지나 조용히 대문 쪽으로 걸어가 대문의 자물쇠를 돌리고 살그머니 문을 열었다. 2년 만에 처음으로 나서는 대문 밖이었다. 소녀는 조심스레 주위를 살펴가며 마을을 빠져나와, 판나이빌라이로 가는 다리로 들어섰다. 그러나 이제부터는 어디로 가야 할지 도무지 알 수가 없었다. 판나이빌라이에서 소녀는 베란다가 딸린 커다란 이층집 앞에 도달했다. 집 밖에 걸려 있는 깃발로 짐작하건대, 기독교인의 집이 분명했다. 갑자기 소녀는 있는 힘껏 대문을 두드리며 소리를 질렀다. "도와주세요! 도와주세요!" 자고 있던 에이미는 그 소리를 듣고 벌떡 일어나서 뛰어나가 문을 열어 주어 소녀를 안으로 들어오게 했다.

다음 날 아침, 소녀가 살던 마을에서는 대소동이 벌어졌다. 소녀의 아버지는 자신의 딸이 도망갔으며, 심지어 다른 곳도 아닌 기독교인의 집으로 달아난 사실을 알고는 길길이 날뛰었다. 그의 노여움은 극에 달했다. 금 세공업자 카스트 가문이었던 그들에게 있어서 그 일은 대단한 모욕이 아닐 수 없었다. 그는 자신의 딸이 카스트를 어기고 기독교인과 어울려 사는 것을 보느니, 그 딸이 죽는 편이 더 낫다고 생각했다. 그는 딸을 돌려보내라며 난동을 부렸다. 그러나 에이미가 '승리의 보석'이라고 이름 지은 그 소녀는 아버지의 말을 듣지 않았고, 오히려 마을의 관리들 앞에 나서서 "저는 이제 열여섯의 성인이 되었습니다. 저는 이제 집을 떠나 별무리 전도대원들과 함께 살 것입니다"라고 엄숙히 선언했다. 이제 소녀의 아버지는 법적으로 어쩔 도리가 없었다. 하지만 그는 마을의 남자들을 동원하여 다른 방법으로 행패를 부렸다. 먼저 그는 기독교 학교에 불을 질렀다. 학교가 없어지면 마을 아이들이 교육을 받지 못하게 될 테지만, 소녀의 아버지는 아무 상관하지 않았다. 자기 딸이 저지른 몹쓸 행동이 다시는 일어나지 않도록 경고하는 것이 더 중요하다고 생각했는지도 몰랐다. 그다음에 그는 학교 교장의 집을 불태웠고, 학교에서 일하는 사람들을 마을 밖으로 쫓아냈다.

승리의 보석은 안전하게 별무리 전도대에 합류하게 되었지만, 그 때문에 많은 사람이 큰 대가를 지불해야 했다. 별무리 전도대는 이제 승리의 보석이 살던 마을에 발을 들여놓지 못하게 되었다. 그래서 당분간은 판나이빌라이 북쪽 마을들만을 다니기로 했고, 그것은 또 다른 소요를 몰고 왔다.

그들이 '왕관 없는 왕'이라는 마을에 들어가 거리에서 전도하고 있을 때였다. 아루라이라고 하는 열한 살 된 소녀가 우물물을 떠서 나르던 중에 우연히 그곳을 지나가게 되었다. 그때 전도대 여인들은 회의를 하고 있었다. 아루라이는 잠시 발걸음을 멈추고 서서, 그들이 하는 말에 귀를 기울였다. 아루라이는 성질이 급하고 화를 잘 내던 소녀였는데, 자신의 성질을 아무리 고쳐 보려고 해도 소용이 없었다. 아루라이는 별무리 전도대 사람들을 보다가 에이미에게 시선을 고정시켰다. 비록 수수한 흰색 사리를 입고 있었지만, 외국 여인의 모습이 아루라이에게 신비감을 주었다. 회의가 끝나갈 무렵 아루라이는 별무리 전도대원 중 한 여인이 이렇게 얘기하는 소리를 들었다. "나는 전에 성질이 호랑이 같은 사람이었는데, 하나님이 양처럼 바꾸어 주셨지요."

물동이를 지고 집으로 걸어가면서 아루라이는 그 여인이 한 이야기를 곰곰이 되새겨보았다. 호랑이같이 거칠고 불같은 성격이 순한 양처럼 바뀌었다니! 아루라이는 하나님이 그렇게 하셨다면 혹시 자신의 성격도 바꿀 수 있을지 모른다는 생각이 들었다. 하루하루 지나는 동안 그 생각은 확신으로 굳어졌다.

마침내 어느 날, 아루라이는 흰색 사리를 입은 영국 여인과 함께 살고 싶다고 부모에게 말했다. 아루라이의 부모는 아무래도 에이미가 무슨 요술가루라도 뿌려서 딸이 집을 나가도록 만든 것이 아닌가 의심스러웠다. 그리하여 에이미는 그 마을에서 새로운 별명을 얻게 되었는데, 그것은 '아이를 잡아 가는 암마'(타밀어로 '어머니'라는 뜻)였다.

아루라이가 에이미에게 가겠다고 몹시 조르자 부모는 당분간 삼촌 집에 가 있으라고 보내 버렸다. 하지만 그것은 그들의 결정적인 실수였다. 삼촌 집에서 몇 분만 걸으면 판나이빌라이였기 때문에 아루라이는 틈만 나면 삼촌 집을 빠져나와 에이미를 방문했다. 삼촌이 이를 묵인해 주었기 때문에 아루라이는 성경공부 모임에 자주 참석했다. 기독교의 하나님에 대해 더 깊이 알게 된 아루라이는 하나님이야말로 진정한 신임을 깨닫고 개종을 결심했다. 그리고 사람들 앞에서 대담하게 자신의 개종 사실을 이야기했다. 물론 아루라이의 부모는 대단히 분개하여 곧장 아루라이를 집으로 데려갔다.

몇 달이 지나도 에이미는 아루라이의 소식을 들을 수가 없었다. 에이미는 매일 아루라이를 위해 기도했다. 언젠가 아루라이가 다시 돌아올 길이 열리기를 고대하면서….

한편 별무리 전도대에 더 골치 아픈 사건들이 일어났다.

아이들은 누구보다도 에이미의 전도를 잘 받아들였다. 참 반가운 일이었지만, 불행히도 그런 아이들은 '아이를 잡아가는 암마'에게 홀렸다는 이유로 끔찍한 벌을 받았다. 한 여자아이는 힌두교의 풍습이 잘못되었다고 말했다가 부모가 독약을 먹이는 바람에 뇌에 이상이 생겨 평생 불구가 되고 말았다. 어떤 부모는 아이를 몽둥이나 채찍으로 때렸고, 심지어 아이의 눈에 고춧가루를 넣는 이들도 있었다. 아루라이의 사촌인 '아룰 다산'이라는 아이는 기독교 신앙에 관심을 보였다는 이유로 며칠이나 집 기둥에 묶여 있었다. 그런 이야기를 들을 때마다 에이미는 마음 아파하며, 아루라이를 다시 보게 해 달라고 간절하게 기도했다.

11월의 어느 날, 여덟 달 만에 아루라이가 별무리 전도대를 찾아왔다. 문간에 나타난 아루라이를 보고 에이미는 기쁨을 이기지 못하고 달려나가서 맞이했다. 그러나 기쁨도 잠시, 아루라이는 심각한 병이 들어 있었다. 정확한 병명이 무엇인지도 모른 채 기운을 차리지 못하고 극심한 두통에 시달렸다. 에이미는 아루라이에게 자신의 침대를 내어 주고는 밤낮으로 돌보았다. 그러면서 기적이 일어나기를 기도했다. 하나님의 기적이 없이는 아루라이가 살아날 가망이 전혀 없어 보였기 때문이다.

아루라이가 에이미의 침대에서 죽음의 문턱을 드나드는 동안 희한한 사건이 일어났다. 딸을 집으로 데려가려 찾아왔던 아루라이의 아버지는 자신의 딸이 몹시 아파서 걷지도 못한다는 얘기를 듣고 그냥 집으로 돌아갔지만, 계속 정기적으로 에이미를 방문하여 딸이 집으로 갈 만큼 기운을 차렸는지 보고 가곤 했다. 그러던 중에 아루라이의 아버지는 에이미가 자기 딸을 얼마나 정성스럽게 돌봐주고 있는지 보게 되었다. 인정하기는 싫었지만 실제로 아루라이는 가족보다는 별무리 전도대 사람들에게 더 지극한 사랑과 간호를 받고 있었다. 조금씩 그는 딸을 억지로 데려가려는 뜻을 누그러뜨렸다. 그리고 아루라이의 병도 차츰 차도를 보였다. 가끔 에이미는 아루라이가 간절하게 기도하는 소리를 들었다. "하나님, 제발 저를 어둠 속으로 돌려보내지 말아 주세요. 저는 지금 빛 속에 살고 있어요. 이 빛에 계속 머물게 해주세요!"

아루라이가 완전히 건강을 회복할 무렵, 그녀의 아버지는 딸을 데려가려는 뜻을 완전히 포기했다. 그리고 열두 살 된 아루라이가 판나이빌라이에서 전도대와 함께 사는 것을 허락했다.

에이미는 보통 두세 가지 일을 동시에 처리했다. 아루라이를 간호하는 틈틈이 에이미는 글을 썼다. 에이미가 인도에 온 지도 5년이나 지났지만, 케직 사경회는 여전히 에이미를 후원하고 있었다. 에이미가 일본에서 보낸 편지들을 모아서 펴낸 책인 《해 뜨는 땅에서》라는 책이 인기를 끌자, 케직 사경회는 인도에 관한 책도 써 달라고 부탁했다. 몇 달에 걸친 작업 끝에 드디어 마음에 드는 원고를 완성하게 되었다. 그러나 제목을 어떻게 정해야 할지 고민이었다. 너무 거창하거나 화려한 제목을 달고 싶지는 않았다. 오랫동안 생각을 거듭한 끝에 마침내 "있는 그대로의 이야기"라는 제목을 붙였다. 에이미가 하고 싶은 말을 그대로 대변해 주는 제목이었다. 에이미가 쓴 글은 꾸며 낸 이야기도 아니고, 영국 사람들이 상상하는 이야기도 아닌, 있는 그대로의 인도에 관한 이야기였다.

에이미는 자신이 쓴 원고를 영국의 케직 사경회에 우송했다. 답신은 예상보다 일찍 도착했다. 원고와 함께 우송된 편지에는 감사하다는 인사와 아울러 약간의 내용을 수정해 주면 좋겠다는 요구가 쓰여 있었다. 에이미의 글에 너무 울적

한 이야기만 가득하니, 약간의 손질과 수정을 거쳐서 행복한 이야기들을 적당히 가미하고, 너무 비참한 처지의 아이들이나 여인들에 관한 이야기는 제외해 달라는 것이었다. 에이미는 다시 한 번 '행복한 선교사, 그리고 행복한 결말'을 원하는 영국 기독교인들의 요구에 직면하게 되었다. 그러나 에이미는 단호한 표정으로 고개를 저었다. 그들이 에이미와 함께 일주일만 인도에서 살아본다면, 신전 창기들이나 가족의 노예로 살아가는 여자아이들을 못 본 척 외면할 수는 없었을 것이다. 그들의 삶은 결코 행복한 결말의 이야기가 될 수 없었고, 그래서 에이미는 자신의 책을 거짓말로 가장할 마음이 조금도 없었다. 에이미는 책상 서랍을 열어, 돌아온 원고를 집어넣었다.

또 다른 편지가 영국에서 날아왔다. 그 소식 또한 에이미를 슬프게 만들었다. 로버트 윌슨 씨의 아들들이 보낸 편지였는데, 브르튼 대저택을 다시 방문해 달라는 요청이 담겨 있었다. 그들은 로버트 윌슨 씨가 매일 에이미를 보고 싶어 하고 있으며, 그가 또다시 뇌졸중으로 쓰러지는 바람에 갈수록 기력이 쇠약해지고 있다고 전했다. 그러나 에이미는 아루라이를 돌보던 중이어서 도저히 인도를 떠날 수가 없었다. 하나님이 자신을 인도로 보내셨기 때문에 하나님의 확실한 지시가 없이는 그 자리를 떠날 수 없다고 생각했다. 물론 그래도 에이미는 영국에 두고 온 사람들이 몹시 보고 싶었다. 누군가 영국에서 자신을 보러 찾아와 주기를 간절히 희망했고, 무엇보다 로버트 윌슨 씨의 건강이 어떤지 자세한 소식을 듣고 싶었다.

에이미의 바람은 1900년 말에 이루어졌다. 맨체스터에서 엘라 크로슬리와 메리 해처라는 두 명의 친한 친구가 에이미를 방문하러 인도로 온 것이다. 에이미는 친구들을 반갑게 맞이하며 그들이 떠나기 전에 로버트 윌슨 씨를 만나 보았는지를 제일 먼저 물었다. 엘라와 메리는 떠나기 직전 그를 만났고 에이미에게 보내는 편지도 갖고 왔노라고 했다. 에이미는 즉시 편지를 뜯어 읽어 보았다. 편지 중에서도 특히 한 구절, "내가 아프다는 사실 때문에 너의 계획에 조금도 차질이 생기지 않기를 바란다"라는 말이 가슴에 남았다. 에이미는 인도에 머물기로 한 자신의 결정이 옳았다는 윌슨 씨의 확인에 감사했다.

엘라와 메리는 에이미가 편지에서 인도에 대해 묘사했던 모든 것을 직접 경험하고 싶어 했다. 그들은 소달구지를 타고 별무리 전도대와 함께 시골 마을들을 돌아다녔다. 에이미는 전도대의 일원이 된 승리의 보석과 아루라이에 대한 이야기도 들려주었다. 엘라와 메리는 영국 여성들이 거의 접할 기회가 없는 인도의 진면목을 볼 수 있었다.

어느 날, 에이미는 엘라와 메리를 데리고 한 오두막집으로 들어갔다. 그곳에는 세 살 정도 되어 보이는 남자아이와 엄마가 있었다. 에이미가 아이를 품에 바짝 껴안았다. 아이는 손으로 계속 자신의 눈을 문질러 대고 있었는데, 두 눈이 충혈되고 통통 부어올라 있었다. "눈이 언제부터 이렇게 되었죠?" 에이미가 아이의 엄마에게 물었다.

"석 달 정도 되었어요. 하지만 처음보다는 울거나 보채는 것이 줄어들었어요."

"의사는 뭐라고 했어요?" 에이미는 타밀어로 물어보면서 옆에 있는 두 친구에게 영어로 통역해 주었다.

그러자 아이의 엄마가 고개를 숙이고 힘없이 대답했다. "의사에게 데려갈 수가 없어요. 그렇게 하면 카스트 제도에 위반되거든요."

에이미는 아이를 가슴에 꼭 껴안았다. 아무리 카스트 제도라 해도 예외가 있어야 하지 않겠는가? 아이가 죽거나 장님이 되도록 이대로 내버려 두어야 하는가? 에이미는 아이의 엄마를 달래고 설득해서, 가까운 병원에 데려갈 것을 권했다. 그러나 아이의 엄마는 말을 들으려 하지 않았다. 엄마는 아이의 죽음 앞에서도 감히 카스트 제도를 위반할 엄두를 내지 못하고 있었다. 인도 사회에서는 사람의 목숨보다 카스트 제도가 더 중요했기 때문이다.

엘라와 메리는 오두막 밖으로 나왔다. 두 사람의 얼굴은 눈물로 얼룩져 있었다. 몇 년 동안 에이미가 보내 준 편지들을 통해 짐작하기는 했지만, 막상 인도의 현실을 직접 목격하니 너무 참담하고 안타까웠다.

그들은 영국의 교회와 교인들이 에이미와 현지인들을 위해 기도할 수 있도록 인도의 상황을 책으로 써 보는 것이 어떻겠냐고 에이미에게 물었다. 그 말에 에이미는 아무런 대꾸 없이 어깨를 으쓱해 보였다. 그들이 몇 주 동안이나 끈질기게 그 얘기를 꺼내자, 에이미는 자신의 책상 서랍 안에 있던 "있는 그대로의 이야기"라는 제목의 원고를 꺼냈다. 원고를 돌아가며 읽어 본 엘라와 메리는 이 원고를 반드시 책으로 내야 한다고 열띤 어조로 주장했다. 그들은 영국 기독교인들도 '대영제국의 보석'이라고 불리는 인도의 진실을 알 필요가 있다고 말했다.

그들의 말을 가만히 듣고 있던 에이미는 케직 사경회로부터 받은 편지를 꺼내 그들에게 보여 주었다. 두 사람은 믿을 수 없다는 표정으로 눈살을 찌푸렸다.

"있는 그대로의 이야기"는 인도의 실상과 에이미의 사역에 관한 이야기를 고스란히 담고 있었다. 그들은 에이미에게 원고를 달라고 해서 영국으로 가져갔다. 두 여성의 강력한 입김 덕분에 드디어 에이미의 원고가 세상에서 빛을 보게 되었고, 엘라가 인도에서 찍은 사진들과 함께 《있는 그대로의 이야기》(*Things As They Are*)가 출간되었다.

한편 인도에서는, 에이미와 별무리 전도대가 마을과 마을을 돌아다니며 하나님의 말씀을 전하느라 그 어느 때보다 바쁜 나날을 보내고 있었다.

Chapter 13

아이를 잡아 가는 암마

 토마스 워커, 에이미, 별무리 전도대는 도나버 지역의 마을들에 가서 거의 1년 동안 사역했다. 애초에 토마스 워커는 석 달 정도만 몇몇 사람에게 성경공부를 가르칠 계획이었는데, 생각과 달리 계속 시일이 연장되었다. 그곳에는 할 일이 아주 많았다. 도나버 마을은 많은 인구가 밀집해 있는 작은 마을이었다. 별무리 전도대는 도나버에서도 인근의 마을들을 다니며 전도했다. 1년이 지나자 그들 모두 다시 판나이빌라이의 집으로 돌아왔다.

 판나이빌라이로 돌아가는 길에 그들은 승리의 보석이 살

왔던 마을을 지나게 되었다.

1902년 3월 6일, 아직 동이 트기 전인 이른 새벽에 그들은 부지런히 집으로 돌아가고 있었다. 그들이 캄캄한 밤에 돌아다닐 수 있는 이유는 별무리 전도대 여인들은 장신구를 전혀 착용하지 않는다는 소문이 돌아서 도둑들에게 '별 볼 일 없는 무리'가 되어 있었기 때문이다. 그들이 탄 달구지가 커다란 호수 마을의 성문을 지나도록 마을 사람 모두 깊은 잠에 빠져 있었다. 그러나 마을 사람들도, 별무리 전도대원들도, 어둠 속에서 마을 주변 어딘가에 누군가가 숨어 있다는 사실을 아는 사람은 아무도 없었다.

마을 신전에 살고 있던 일곱 살짜리 소녀 프리나는 어머니가 신전 창기로 바친 아이였다. 프리나의 아버지가 세상을 떠나자, 어머니는 힌두 신의 복을 받으라며 다섯 살 된 아이를 바쳤다. 신전에 온 지 며칠 만에 프리나는 신전에서 도망하여 엄마가 있는 집으로 30킬로미터를 걸어갔다. 프리나는 엄마가 자기를 보면 기뻐할 것이라고 생각했지만, 그 모든 기대는 한순간에 무너져 내렸다. 프리나가 집으로 돌아오면 힌두 신의 노여움을 사게 될 것이라고 생각한 프리나의 어머니가 공포에 질려 있는 프리나를 신전 여인들에게 선뜻 내주고 말았기 때문이다. 프리나를 신전으로 데려간 그들은, 다시 도망가지 말라는 경고로 불에 달군 인구를 가져다가 프리나의 손에 지졌다.

그 후 2년이 흘러 프리나는 끔찍한 소식을 듣게 되었다. 신들과 결혼 예식을 치른다는 것이었다. 그것이 정확히 무엇을 의미하는 것인지는 몰라도 무서운 생각이 들었다. 그러나 도망갈 길이 전혀 없었다. 종일 옆에서 프리나를 감시하는 사람이 있었고, 밤에는 아예 방문을 잠가 버렸다. 프리나는 우상 앞에 엎드려서, 차라리 자기를 죽여 달라고 빌었다.

다음 날, 한 나이 많은 여인이 프리나에게 어느 이야기를 들려주었다. 아이를 잡아 가는 암마에 대한 이야기였는데, 바깥이 얼마나 위험한 곳인지 겁을 주는 동시에 신전 안에서 안전하게 사는 것이 얼마나 다행인지 깨닫게 해주기 위함이었다. 그러나 그 이야기는 역효과를 가져오고 말았다. 프리나는 암마가 자신을 어딘가로 데려가 숨겨 줄 것 같았다. 아이를 잡아 간다는 암마를 찾을 수만 있다면 얼마나 좋을까! 프리나는 신전에서 신들과 결혼하느니 무서운 암마와 함께 사는 게 낫겠다고 생각했다.

별무리 전도대가 커다란 호수 마을을 지나가는 바로 그 시각, 프리나는 한밤중에 잠이 깼다. 도무지 잠이 오지 않아 한참을 앉아 있는데, 뭔가 이상한 예감이 들었다. 프리나는 살금살금 방문으로 다가가서 문을 밀어 보았다. 그러자 놀랍게도 문이 열렸다. 밤에 방문을 잠그지 않은 날이 단 한 번도 없었는데 말이다. 순간 프리나는 의심스러웠다. 혹시 자신이 도망가는지 엿보려고 일부러 그런 것이 아닐까? 프리나는 방에서 자는 다른 소녀들을 뒤돌아 본 후에 용기를 내어 조심스럽게 방문을 지나 마당으로 나왔다. 그런데 이번에는 신전의 대문이 열려 있었다. 주변에 지키는 사람이 있는지 돌아보고 아무도 없음을 확인하자 프리나는 대문을 열고 밖으로 나왔다. 그러고는 온 힘을 다해 달리기 시작했다. 마을을 벗어난 프리나는 판나이빌라이로 향하는 다리가 있는 곳까지 이르렀다. 4년 전 승리의 보석이 에이미에게 오려고 도망치던 바로 그 길이었다. 승리의 보석과 마찬가지로 판나이빌라이로 온 프리나는 어디로 가야 할지를 몰랐다. 숨이 턱에 찬 채로 프리나는 마을의 교회로 달려갔다.

  어둠이 짙게 드리운 고요한 밤, 프리나는 교회 밖에 서서 숨을 죽이고 있었다. 그러자 얼마 후, 프리나가 기대했던 일이 일어났다. '예수의 종'이라는 이름의 여 성도가 교회에서 나온 것이었다. 그 여인은 프리나를 보자마자 그녀가 신전 창기라는 사실을 즉시 알아챘다.

  예수의 종은 프리나를 우선 자신의 집으로 데려갔다. 한밤

중에 프리나를 데리고 다리를 건널 수 없었기 때문에, 날이 새면 신전으로 데려다 줄 생각이었다. 그러나 프리나는 잠을 자려 하지 않았다. 그리고 자신을 아이를 잡아 간다는 암마에게 보내 달라고 애걸복걸했다.

예수의 종은 어찌해야 할지 난감했다. 에이미와 별무리 전도대가 1년 이상 집을 떠나 다른 곳에 가 있다는 사실을 알고 있었기 때문이다. 그렇게 애걸하는 아이를 신전에 돌려보내려면 꽤나 애를 먹어야 할 것 같았다. 비록 그 여인은 기독교인이었지만, 프리나를 신전에 보내지 않고 데리고 있을 생각이 추호도 없었다. 신전에 속한 아이를 데리고 있다가는 여인의 목숨이 달아날 판이었다.

다음 날 아침, 여인은 암마에게 데려다 달라는 아이를 달래느라 지쳐 버렸다. 암마가 여행을 가서 집에 없다고 아무리 달래 보았지만, 아이는 믿으려 하지 않았다. 결국 아침 6시 30분쯤에 예수의 종이 프리나를 에이미의 집으로 데려갔다. 예수의 종은 암마가 집에 없음을 보여 주고 나서 신전으로 갈 생각이었다. 그런데 예수의 종은 그만 놀라서 그 자리에 우뚝 서고 말았다. 별무리 전도대 여인들이 집 앞에 서 있었기 때문이다. 에이미는 베란다에서 차를 마시고 있었다. 프리나는 예수의 종의 손을 뿌리치고 계단으로 뛰어 올라갔다. 그러고는 에이미의 무릎에 앉아 에이미의 목을 바짝 껴안았다. 마치 오래전부터 아는 사이 같았다. 무슨 사정인지는 몰랐지만 자신에게 안겨 있는 작은 소녀에게 사랑이 필요한 것만은 분명하다고 생각한 에이미는 프리나를 꽉 껴안아 주었다. 예수의 종은 자신이 아는 만큼 프리나에 대해 이야기해 주었다.

얼마 후, 신전에서 일하는 여인들이 프리나를 찾으러 왔다. 그러나 프리나는 절대로 신전으로 돌아가지 않겠다고 했다. 결국 에이미와 신전 여인들 사이에 논쟁이 벌어졌다. 이내 많은 사람이 몰려들었고, 프리나는 자신은 신전에 돌아가지 않고 별무리 전도대 사람들과 함께 살겠다고 말했다. 그 소동은 며칠이나 이어졌고, 마침내 신전 여인들도 포기하고 돌아갔다. 그들은 프리나의 어머니를 데려와서 아이를 되찾겠다고 장담했지만, 어떤 이유에서인지 프리나의 어머니는 오지 않았다. 그리고 신전에서도 더는 사람을 보내지 않았다. 모든 소동이 잠잠해졌고, 에이미에게는 사랑과 보살핌이 필요한 일곱 살짜리 소녀가 새로 생기게 되었다.

그즈음, 에이미와 별무리 전도대에게 또 다른 기쁜 사건이 일어났다. 아루라이가 세례를 받은 것이었다! 마을에서 물동이를 이고 가다가 별무리 전도대 여인의 이야기를 들은 지 2

년 만의 일이었다. 아루라이의 아버지가 딸의 세례를 허락해 준 덕분이었는데, 이는 정말 놀라운 일이었다. 웬만큼 아량 넓은 인도 아버지가 아니면 자식이 기독교 성경을 읽거나 기도하도록 허락하는 법은 없었다. 그런데 세례는 또 다른 차원의 문제였다. 세례를 받는다는 것은 환원이 불가능함을 의미했다. 즉, 카스트 제도를 완전히 저버린다는 뜻이었다. 그럼에도 아루라이의 아버지는 딸의 세례를 허락했고, 이에 에이미는 놀라움을 금치 못했다.

1년 만에 판나이빌라이에 돌아온 그들로서는 환희의 순간이 아닐 수 없었다. 돌아온 지 하루도 지나지 않아, 신전에 잡혀 있던 한 소녀가 에이미의 품에 안겼다. 그리고 아루라이가 아버지에게 허락을 받아 세례를 받았다. 에이미가 오랫동안 기도하던 일이 이루어진 것이다. 에이미는 몹시 기뻤다. 그러나 이 모든 일이 수포로 돌아갈지도 모를 위험이 그들을 기다리고 있을 줄은 전혀 몰랐다.

토마스 워커가 조직한 전도대에는 아루라이의 사촌인 아룰 다산도 들어와 사역하고 있었는데, 아루라이가 세례를 받은 후에 토마스 워커는 아루라이와 아룰 다산에게 가족을 보러 갈 기회를 주어야겠다고 생각했다. 그래서 그에 필요한 계획을 짜기 시작했다. 마침 토마스는 그들이 살던 마을의 지체 높은 유지를 알고 있었다. 그 유지는 마을에서 상당한 세력가였다. 지금은 나이가 많이 들었지만 한때 그는 영국인 남자를 위기에서 구출해 준 적이 있었다. 그 일을 계기로 영국인들과 친해졌고, 영국인들의 어려운 사정을 두말없이 도와주곤 했다. 토마스 워커는 나이 든 유지를 찾아가, 아루라이와 아룰 다산이 가족을 만나러 마을에 들어가더라도 그들의 안전을 보장하겠다는 다짐을 받아냈다.

그러나 나이 든 유지는 그 마을 사람들이 얼마나 기독교인들에게 악감을 품고 있는지 제대로 파악하지 못하고 있었다. 아루라이와 아룰 다산, 토마스 워커가 달구지를 타고 마을에 들어서자마자 사람들이 몰려와 일대 소란을 피우기 시작했다. 달구지를 뒤집어엎고 달구지꾼을 끌어내어 몽둥이로 때렸다. 토마스 워커도 사람들에게 끌려가 돌로 맞았다. 그런 난동 속에서 두 아이가 감쪽같이 종적을 감추어 버렸다. 돌로 맞으면서 토마스 워커는 갈급하게 기도하기 시작했다. 누군가의 도움이 없이는 자신도 아이들도 도저히 목숨을 부지하지 못할 것만 같았다.

갑자기 사람들의 소란이 일제히 잠잠해졌다. 토마스 워커를 내리치던 돌도, 달구지꾼을 때리던 막대도 일순간 멈추었다. 모든 사람의 눈이 부근의 베란다에 서 있는 한 사람에게 고정되었다. 토마스 워커는 그 사람이 자신이 아는 마을 유지의 아들임을 알아보았다. 그가 아버지의 세도를 힘입어 모여 있는 사람들에게 호통을 치자, 놀랍게도 마을 사람들이 고분고분 그의 말에 따라 흩어졌다. 그때 또 다른 남자가 나타났다. 그는 아루라이와 아룰 다산을 양손에 붙들고 있었다. 그가 손을 놓자 아루라이와 아룰 다산은 재빨리 토마스 워커에게 뛰어왔다. 유지의 아들은 쓰러진 소달구지를 다시 일으켜 세워 주라고 명령했다. 토마스 워커는 부리나케 두 아이를 달구지에 태우고 뒤로 가서 좌우를 살폈다. 달구지꾼은 피투성이가 된 채로 엉금엉금 기어 달구지 앞에 앉았다. 유지의 아들이 앞으로 가라고 손을 흔들자 달구지꾼이 소를 몰아 마을을 빠져나갔다.

판나이빌라이에 도착한 그들을 보고 에이미는 놀라서 입을 다물지 못했다. 에이미는 아루라이의 아버지가 세례를 허락해 준 것이니, 그가 딸을 보면 반가워할 것이라고 생각했었다. 카스트 제도가 인도 사회를 얼마나 철통같이 지배하고 있는지 에이미는 제대로 모르고 있었다. 아루라이 아버지가 딸의 세례를 허락했던 것은 이제 자신의 딸을 가문에서 완전히 제거시킨다는 의미였다. 따라서 아루라이가 아버지를 만나 이야기를 한다는 것은 불가능한 일이었다. 딸이 기독교인임을 인정하는 것 자체가 카스트 제도를 어기는 것이기 때문이었다.

그러나 불행 중 다행히 아무도 크게 다친 사람은 없었고 두 아이도 무사했다. 놀란 가슴을 쓸어내리며 에이미는 가족에게 버림받은 아이들을 사랑스럽게 바라보았다. 에이미는 '하나님은 왜 나에게 인도의 보석 같은 아이들을 맡기시는 걸까?' 하고 생각했다.

Chapter 14

발이 묶이다

타밀어 속담 중에는 "아이는 어머니의 발을 묶는다"라는 말이 있었다. 이는 여인이 아이를 낳고 나면, 더는 하고 싶은 일을 자유롭게 할 수 없게 된다는 뜻이었다. 마치 발이 묶인 것처럼 집 밖으로 멀리 나갈 수 없다는 의미였다.

에이미는 자신이 어머니가 되어 발이 묶일 의향은 전혀 없었다. 그러나 1902년 6월, 에이미는 8명의 여자아이를 가진 암마(어머니)가 되어 있었다. 프리나, 아루라이, 승리의 보석, 그리고 '생명의 보석'이라고 이름 지은 또 다른 십대 소녀, 그리고 이런저런 이유로 에이미에게 보내진 4명의 여자아기가 모두 에이미의 아이들이었다. 사실상 인도 사회에서 여자아이들은 쓸모없는 존재로 인식되어 버려지기 일쑤였다. 아이를 돌보는 막중한 책임이 주어졌음에도, 에이미의 삶에는 조금의 변화도 일어나지 않았다. 에이미는 결코 아이들에게 발이 묶일 암마가 아니었다. 에이미는 가는 곳마다 8명의 아이를 데리고 다녔다. 아이들은 덜커덩거리는 달구지에 끼어 앉아서 함께 돌아다녔다. 그러다 밤이 되면 천막 한쪽에 나란히 펴 놓은 잠자리에서 잠을 잤고, 어른들이 전도하는 중에는 조용히 노래를 부르거나 책을 읽었다. 에이미는 그 모든 일을 감당할 여력이 충분해 보였다.

그러나 그것도 7월까지였다. 여행 도중 아루라이가 다시 병이 난 것이다. 두통과 함께 열이 나기 시작하더니 이내 장티푸스에 걸렸음이 드러났다. 당시 인도에서는 장티푸스를 치료할 약이 없었기에 죽음을 기다리는 수밖에 도리가 없었다. 에이미와 별무리 전도대, 그리고 모든 아이는 황급히 여행을 중단하고 판나이빌라이로 돌아왔다. 그러고는 한 사람씩 돌아가며 아루라이를 간호하기 시작했다. 석 달 동안 하루도 빠짐없이 모든 사람이 아루라이를 정성으로 간호하며, 장티푸스에서 살아남기를 빌었다. 에이미는 한시도 아루라이 곁에서 떠나지 않고 늘 기도하며 노래를 불러 주었다. 그러나 사람들이 열심히 간호했음에도 아루라이는 폐렴 증세까지 보이기 시작했다. 열이 40도까지 치솟자 에이미는 의사를 불렀다. 아루라이를 진단한 의사는 에이미를 한쪽으로 불러, 안 되었다는 표정을 지으며 에이미의 어깨에 손을 얹었다. 그는 나지막한 소리로 이렇게 말했다. "아이의 죽음을 맞이할 준비를 해 두어야겠습니다."

에이미는 가슴이 무너져 내리는 것만 같았다. 친딸이라 할 수 있을 정도로 사랑하는 아루라이였기에, 하루빨리 완쾌되기를 누구보다 바라고 있었다. 그러나 장티푸스에 걸린 아이들을 수도 없이 진찰해 본 의사는 아루라이에게 죽음이 임박했음을 알았다. 에이미는 아루라이 곁에 앉아 그 손을 잡고 몇 시간씩 앉아 있었다. 에이미는 하나님께 기적을 일으켜 달라고 기도하고 또 기도했다.

며칠 후, 에이미는 아루라이의 상태가 뭔가 달라졌다는 느낌을 받았다. 그리고 어느 날 아루라이가 눈을 뜨더니, 목이 마르다고 했다. 그리고 며칠 뒤에는 자리에서 일어나 앉을 정도가 되었다. 조금씩 차도를 보이더니 아루라이의 병세가 호전되었다. 에이미의 기도가 응답을 받은 것이었다! 에이미는 마치 죽은 딸이 살아난 듯 몹시 기뻤다.

아루라이가 조금씩 차도를 보이자 에이미는 색다른 생각

에 사로잡혔다. 8명의 아이가 한 장소에 있으니 모든 일이 훨씬 효율적이고 간편했다. 정해진 일과대로 생활하기도 쉬웠고, 큰 아이들이 어린아이들의 읽기나 산수 공부를 도와줄 수도 있었다. 여행 중에는 길거리에서 불을 피워 음식을 만들어 먹이느라 힘들었는데, 집에서 요리해 먹이니 무척이나 수월하고 간단했다. 아이들의 안전에 대해서도 염려할 것이 없었다. 시골로 돌아다니는 것보다 한집에 모여 사니 강도 같은 위험에 노출될 염려가 전혀 없었다.

  복음을 전하며 전도여행을 다니는 것도 좋았지만 한 곳에 정착하여 8명의 아이를 키우는 일 또한 매우 중요한 일이라는 생각이 들었다. 그러나 에이미는 편히 앉아서 쉬운 쪽을 선택하는 성격은 아니었다. 아직도 예수 그리스도에 대해 들어보지 못한 사람들이 너무 많았기 때문이다! 또한 프리나처럼 신전에 바쳐지는 아이들도 구해야 하고, 새로 개종한 사람들에게 기독교 신앙을 가르칠 필요도 있었다. 이 모든 일을 뒤로하고 오로지 '암마'의 역할만 하기는 마음이 내키지 않았다. 더욱이 당시에는 아이들을 돌보는 일이 선교사의 전통적인 사역으로 간주되지 않았다. 그러나 한편으로는 하나님이 보내 주셨음이 분명한 아이들의 암마 노릇을 하는 것이 잘못된 일이라는 생각이 들지 않았다. 그것이 하나님이 인도에서 자신에게 허락하신 진정한 선교 사역이 아닐까 생각하는 에이미였다.

아루라이가 완전한 건강을 찾기까지 에이미는 이러한 생각과 씨름하고 있었다. '아이들에게 좋은 암마가 되는 동시에 예전의 사역을 병행할 수는 없을까? 그것이 불가능하다면, 하나님이 보내 주신 어린이들이 내 사역의 발을 묶도록 놔둘 것인가?' 기도할수록 정확한 해답이 보이는 것 같았다. 한 곳에 정착하여 아이들에게 진정한 가정을 만들어 주는 사역이 바로 자신이 해야 할 일이라는 결론에 도달한 것이다. 에이미는 그 문제를 놓고 별무리 전도대의 여인들과 의논했다. 그들 역시 에이미가 집에 머물면서 아이들의 암마가 되는 것이 좋겠다고 입을 모았다. 아울러 그들 모두 함께 살 만한 넓은 집을 구해 보자고 제의했다. 15명의 사람이 북적대기에는 판나이빌라이의 집은 너무 협소했다. 하지만 어디에서 그렇게 큰 집을 얻는단 말인가? 판나이빌라이에는 그렇게 큰 집이 없었다. 게다가 카스트를 어기고 사는 기독교인 여자들과 집 나간 여자아이들을 이웃으로 맞아 주는 인도인들이 어디에 있겠는가? 제정신을 가진 힌두교인이라면 그런 사람들이 옆에 살도록 놔두지 않을 것이다.

어디에서 그렇게 넓은 집을 구할 수 있겠느냐고 의문을 갖자마자, 토마스 워커로부터 뜻밖의 길이 열렸다. 토마스 워커는 잠시 호주로 떠난 선교사를 대신해서 도나버에 있는 성경학교에서 학생들을 가르치고 있었다. 그러나 돌아오겠다던 선교사는 영영 인도로 돌아오지 않았고, 학생들을 영구적으로 가르칠 교사가 급히 필요하게 되었다. 성경학교는 영국 교회 선교회에서 운영하는 곳이었는데, 선교회는 토마스 워커에게 성경학교의 책임자가 되어 달라고 간곡히 요청했다. 그가 요청을 수락하게 되면 성경학교에 속한 모든 건물과 대지를 마음대로 쓸 수 있는 재량이 주어지게 되는 것이었다. 에이미와 별무리 전도대가 새로운 집을 위해 하나님께 기도를 시작하던 바로 그 주간, 토마스 워커는 성경학교의 책임자로 부임하기로 결정을 내렸다.

도나버의 성경학교로 함께 가자는 토마스 워커 부부의 제의에 에이미와 별무리 전도대는 두말없이 응했다. 그것은 여러 면에서 완벽한 해결 방안이었다. 학교 안에는 진흙으로 지어진 오두막집이 여러 채 있었는데, 보수가 필요한 상태였다. 학교 부지도 제대로 돌보지 않아 정원이 엉망이었다. 그러나 아이들이 살기에는 안전한 장소였다. 도나버 마을이 생긴 것은 50여 년 전, 1827년이었다. 찰스 레니우스라고 하는 초기 프러시아 선교사가 인도 남부에서 매우 성공적인 선교

사역을 했었다. 그는 삶의 질을 개선하려면, 인도 여성을 교육시켜야 하고 카스트 제도를 없애야 한다고 주장했던 사람이었다. 그는 개종자들에게 카스트 제도를 위반하라고 종용했고, 개종자들도 그의 말을 따랐다. 물론 많은 핍박이 가해졌다. 개종자들의 가족이 독약을 먹이기도 하고 때리거나 굶어 죽도록 방치하기도 했다. 마을에서 영영 쫓겨나는 것은 그나마 운이 좋은 편이었다. 하지만 그들에게는 갈 곳이 없었다. 찰스 레니우스는 유럽에 있는 자신의 후원자들에게 편지를 써서 도움을 요청했다. 이내 후원금이 모였고, 그는 광활한 빈 땅을 구입하여 '은신처 마을'이라고 이름 지었다. 카운트 돈이라고 하는 유럽의 한 귀족이 이러한 마을 중 하나를 시작하도록 기금을 보내 주었으므로, 찰스 레니우스는 마을 이름을 그의 성을 따서 도나버라고 이름 지었다.

현재 그 마을의 사람들은 그곳의 기독교 역사를 거의 잊고 살고 있었지만, 그곳은 아이들을 키우고 돌보기에 최적의 장소였다. 그 지역을 통과하는 주요 교통로와 멀리 떨어져 있었긴 하지만, 10킬로미터 반경 안에 마을이 10개나 있었다. 에이미와 별무리 전도대원들이 도나버에서 달구지를 타고 두 시간 정도면 닿을 거리에 수많은 마을이 있었기에, 장차 전도 사역의 전망이 밝아 보였다.

아루라이가 어느 정도 회복이 되자 그들은 모두 이사 준비를 했다. 전도대원들은 자신들의 몇 가지 안 되는 소지품들을 챙겨 소달구지에 싣고 서쪽의 도나버로 향했다. 그들은 그곳의 지리를 이미 훤히 알고 있었다. 지난 몇 년 동안 발이 닳도록 그 지역을 다니며 전도했기 때문이다.

 그들은 달구지를 타고 느릿느릿 황소걸음으로 나아가 도나버에 이르렀고, 마침내 성경학교의 전경이 눈에 들어오기 시작했다. 학교 전체를 낮은 벽돌 담장이 둥글게 감싸고 있었다. 방갈로 형식의 건물도 있었고, 한 개씩 창문이 달린 작은 방들이 일렬로 늘어선 건물도 있었다. 흰색 석회가 발라져 있는 교회 건물도 보였다. 토마스 워커가 강의하는 곳인 듯했다. 일찍이 누군가가 심어 놓은 타마린드 나무들이 커다랗게 자라서 시원한 나무 그늘을 제공해 주고 있었다. 그러나 타마린드 나무를 제외한 다른 나무는 거의 보이지 않았다. 토양도 메마르고 거칠었다. 앞으로 에이미가 계획하고 있는 생각들을 학교 부지 안에 실현하려면 엄청난 노력이 필요할 것이었다.

 에이미와 별무리 전도대는 도나버 성경학교 안의 방갈로로 짐을 옮겼다. 이제 그곳이 그들의 새로운 집이었다. 그러나 에이미는 곧바로 6주 동안의 전도여행을 위해 집을 비워야 했다. 토마스 워커와 함께 인도 남서 연안의 트리반드룸이라는 곳에 가서 몇 개의 기독교 모임을 인도하기로 예정되어 있었기 때문이다. 바다가 보이는 연안 도시는 무척이나 아름다웠다. 어렸을 적 아일랜드 해안에서 놀던 기억을 떠올리게 할 정도였다.

토마스 워커와 에이미는 약 2천 명이 모인 집회에서 말씀을 전했다. 당시에는 마이크 시설이 없었기 때문에 그들은 모든 강의마다 힘껏 소리를 지르지 않으면 안 되었다. 에이미에게는 색다르고 재미있는 체험이었다. 거의 7년 만에 타밀어가 아닌 영어로 강의를 하자니 이상했다. 타밀어를 사용하는 데 너무 익숙해진 나머지 오히려 영어가 더 서투를 지경이어서, 모국어가 헛나올 때가 있었다. 가끔은 통역자가 필요할 정도였다.

더구나 6주 동안이나 아이들을 떠나 있으면서 에이미는 어머니의 심정에 대해서도 조금 깨닫게 되었다. 폰남말에게 모든 책임을 맡기고 떠나오긴 했지만, 아이들이 걱정되고 무척이나 보고 싶었다.

6주가 지나자 에이미는 서둘러 집으로 돌아갔다. 아이들이 뛰어나와 에이미의 목을 껴안으며 반가워 어쩔 줄을 몰라 했다. 그때 에이미는 바로 그것이야말로 하나님이 인도에서 자신에게 주신 사명임을 절감했다. 하나님은 아이들을 통해 에이미의 발을 묶으셨지만, 에이미는 그 사실에 만족했다. 그 이후에도 에이미에게는 강사로 와 달라는 초청이 많이 있었지만, 두 번 다시 에이미는 아이들이 있는 도나버를 떠나지 않았다.

도나버에서는 할 일이 무척 많았기에 1년이 후딱 지나가 버렸다. 별무리 전도대는 계속해서 인근 시골 마을을 다니며 전도했으나, 에이미는 소녀들을 가르치고 아기들을 돌보는 데 시간을 보냈다. 에이미 옆에는 언제나 조언과 도움을 아끼지 않는 토마스 워커가 있었다. 자상한 오빠 같은 토마스를 에이미는 무척이나 신뢰하고 의지했다.

그러나 토마스에게 한 가지 심각한 문제가 발생했다. 그의 아내가 병이 들어 적어도 1년 동안은 영국으로 돌아가 휴식을 취하라는 진단을 받은 것이었다. 결국 1903년 11월, 토마스와 그의 아내는 도나버를 떠나 영국으로 가는 항해 길에 올랐다.

선교사가 된 지 처음으로 에이미는 독신 여성으로서 모든 선교 사역의 책임을 혼자서 떠맡게 되었다.

Chapter 15

어린 보석들

아이들을 돌보고 별무리 전도대의 사역을 이끌어 가면서도 에이미는 절망적인 심정을 감추지 못했다. 아무래도 자신의 능력이 한계에 부닥친 것만 같았다. 그것은 프리나가 들려준 신전 창기에 관한 이야기 때문이었다. 어떤 소녀들은 갓난아기일 때 신전에 바쳐져서 평생 신전에서 일하거나 신전 창기가 된다고 했다. 부모가 여자아이들을 신전에 바치는 이유는 힌두 신들로부터 복을 받기 위해서였다. 때로 가난하거나 정혼을 못한 여자아이들을 집안에서 내쫓으려는 방편으로 신전에 바치는 부모도 있었다. 인도에서는 여자아이들이 예닐

곱 살이 되면 정혼을 시키고, 열두 살 정도가 되면 정혼한 남자와 결혼을 시켰다.

에이미는 신전 창기로 바쳐지는 아이들을 생각할 때마다 몸서리쳐지도록 끔찍하고 안타까웠다. 그러나 달리 뾰족한 방도가 있는 것은 아니었다. 그런 아이들을 대체 무슨 수로 도와준단 말인가? 그들은 죄수나 다름이 없었고, 신전에 갇혀 종일 감시를 받았다. 에이미가 할 수 있는 일은 다른 기독교인들에게 자신의 의도를 알리고, 프리나가 그랬던 것처럼 신전 창기로 희생당하는 여자아이들에게 구원의 문이 활짝 열리도록 하나님께 기도하며 기다리는 것뿐이었다. 에이미는 인도 전역의 현지인 교회와 선교사들에게 편지를 써서, 누구든 신전에 바쳐진 여아들을 구출해 낸다면 그 아이들을 자신이 돌봐 주겠다고 했다.

그러자 1904년 3월 1일, 에이미의 절망이 희망으로 바뀌는 일이 일어났다. 북부에서 목회하는 한 목사가 에이미의 품에 강보에 싸인 아기를 안긴 것이다. 그 목사는 어떤 갓난아기가 신전에 바쳐졌다는 얘기를 들은 즉시 모험을 감행하여 아이를 구해 냈다. 그러고는 밤을 틈타 도나버까지 달려왔다. 에이미에게 온 지 3년이 된 프리나에게 아기의 이름을 지어 주는 명예를 주자, 프리나는 자주색의 아름다운 보석인 자수정을 의미하는 '애매시스트'라는 이름을 붙여 주었다.

그러나 애매시스트를 살려내기란 쉽지 않았다. 우선 애매시스트는 너무 병약했고, 갓난아기에게 먹일 만한 우유를 찾기도 하늘의 별 따기였다. 그러나 애매시스트는 힘겨운 싸움에서 이기고 조금씩 튼튼해졌다.

얼마 후에 또 다른 아기가 들어왔다. '사파이어'라고 이름 지은 그 아이 역시 어느 인도인 목사가 구출해 온 아이였다. 아이는 매우 건강한 상태였기 때문에 간호를 받지 않고도 잘 자라났다.

에이미의 식구는 빠르게 불어났다. 그것은 에이미에게 더할 나위 없는 즐거움을 안겨 주었다. 토마스 워커가 영국으로 떠난 지 여섯 달이 지난 1904년 6월, 에이미가 돌보는 아이는 무려 17명이 되었다. 그중 6명은 신전에서 구출되어 온 아이들이었다. 아이들이 많아지니, 당연히 공간이 부족했다. 그래서 있는 공간을 최대한 활용해야 했다. 방갈로 옆에 붙어 있는 자그마한 진흙벽돌로 지어진 집을 아기들의 침실 겸 주방 겸 식당으로 사용했다.

아이들이 많다 보니 할 일 또한 끊이지 않았다. 태산같이 쌓인 빨래들을 손으로 빨아서 줄에 널어 말려야 했다. 양동이 가득 쌀을 씻어 밥을 짓고, 야채를 한아름 다듬어 요리했다. 매일 아침이면 30개의 침구를 밖에 널어 햇빛과 공기를 쐬게 했고, 아이들의 공부를 지도했으며, 바닥을 쓸고 닦았다. 고장 난 것들도 수리했다. 아무리 해도 해도 일은 끝이 없었다.

별무리 전도대원들 또한 에이미를 도와 함께 열심히 일했다. 하지만 이들이 가끔 꺼리는 일거리가 있었다. 태어날 때부터 그들에게는 천한 일들은 낮은 계층의 사람들이 하는 것이라는 인식이 박여 있었기에, 기독교인이 되었어도 한 번 머리에 박혀 버린 생각을 바꾸기란 쉽지 않았다. 따라서 별무리 전도대의 인도 여인들에게 있어서 다른 사람의 옷을 빨고 바닥을 쓸고 닦고 쓰레기를 태우는 일은 몹시 부끄럽고 창피한 일이었다. 대부분 전도대원이 그러한 일을 하지 않는 계층 출신이었기 때문이다.

따라서 에이미는 예수님도 더럽고 냄새나는 제자들의 발을 씻겨 주셨다는 사실을 거듭 상기시켜 주어야 했다. 그러자 서서히 별무리 전도대원들은 진정한 사랑이란 다른 사람을 섬기는 것임을 깨달았다. 밤에 울고 보채며 낮에는 말썽을 피우는 아이들일지라도….

어떤 아기들은 소젖이나 염소젖을 먹이기에 너무 연약해서 아기를 키우는 여인의 젖을 얻어 먹여야 했는데, 그것이 큰 문제였다. 한번은 갓난아기를 살리기 위해 젖을 먹여 주겠다고 나선 여인이 있었다. 그것이 카스트의 규율을 어기는 것임을 알면서도 여인은 아기를 위해 기꺼이 허락해 주었다. 그러나 그 후 안타깝게도 여인은 목숨을 잃고 말았다. 그 사실을 안 남편이 분노하여 여인을 독살한 것이었다. 그 이후부터는 젖을 먹여 줄 여인을 구하기가 불가능하게 되었다.

분주하게 돌아가는 일상생활 속에서 에이미는 가끔 휴식을 취할 필요를 느꼈다. 그럴 때면 몇 가지 옷을 챙겨 들고 나이 든 소녀들과 함께 에이미는 오티로 가서 몸과 마음을 달랬다. 오티에서는 홉우드라는 여인 집에 머물렀는데, 그녀는 늘 에이미를 자상하게 배려하는 좋은 벗이었다. 에이미는 아이들을 데리고 오랫동안 숲 속을 산책했다. 그러면서 이제는 정상적인 보육원 시설이 본격적으로 필요하다고 생각했다. 사실 그 생각을 오래전부터 해 왔지만, 그만 한 건물을 지을 돈이 없었다. 에이미는 고국에 있는 자신의 후원자들에게 "한 토막의 이야기"라는 제목의 기도 편지를 정기적으로 써 보내고 있었지만, 자신의 사역을 위해 재정을 요구한 적은 단 한 번도 없었다. 에이미는 벨파스트에서 숄리들의 집회를 위한 건물을 지으려고 기도하던 때가 떠올랐다. 에이미의 기도에 응답하신 하나님은 양철 성막을 지을 수 있는 돈과 땅을 공급해 주셨다. 에이미가 사람들에게 직접 나서서 돈을 요청하지 않기로 한 건 바로 그 이후였다. 에이미는 하나님이 자신의 기도를 듣고 다른 사람들의 마음을 움직여 그들이 헌금할 때까지 늘 기다렸다. 그때 이후로 에이미는 자신의 결정을 철저히 지켰고, 아무리 상황이 어려워도 타협하지 않았다. 에이미는 이제 와서 누구에게 돈을 꿀 생각이 전혀 없었다. 체면 때문에 어쩔 수 없이 헌금하는 사람들의 돈으로 도나버의 사역을 확장시킬 마음은 꿈에도 없었다. 전에 보육원 건물이 필요하다고 생각했을 때에 에이미는 아직 적절한 시기가 아니라고 판단했었다. 그러나 오티의 언덕을 산책하면서 에이미는 지금이야말로 적절한 시기라고 하나님이 말씀하시는 것 같았다.

에이미는 도나버에 있는 전도대원들에게 편지를 써서, 즉시 진흙벽돌을 만들 준비를 하라고 부탁했다. 바야흐로 보육원 건축에 착수할 시기가 이른 것이다! 그런데 전도대원들에게 편지를 쓴 지 한 시간 정도 후에 에이미가 머물고 있는 숙소로 편지 한 통이 날아들었다. 그 편지 안에는 건물에 필요한 벽돌 비용을 충당할 만큼의 액수가 적힌 수표가 들어 있었다. 에이미는 놀라움과 기쁨을 금치 못했다. 에이미는 빨리 이 사실을 알리고, 보육원 건물에 대한 계획을 본격적으로 짜고 싶었다. 에이미는 서둘러 도나버로 돌아갔다.

에이미가 집에 도착하자 또 다른 수표 한 장이 에이미를 기다리고 있었다. 마드라스에 사는 어떤 사람이 이름을 밝히지 않고 보내온 것이었는데, 거기에는 '보육원을 위한 헌금'이라고 적혀 있었다. 에이미가 보육원 건축에 대해 생각한 것은 불과 며칠 전이었고 아직 어느 누구에게도 그 사실을 언급한 적이 없었으므로, 이는 정말 놀라운 일이었다. 송금된 돈은 학교 건물 옆의 빈터를 사서 보육원 건물을 짓고 나서도 그 안에 필요한 시설과 물건들까지 살 수 있을 정도로 큰 금액이었다.

인도를 떠난 지 1년 만에 토마스 워커가 영국에서 돌아왔다. 도나버에서는 보육원 건축이 한창 진행 중이었다. 그의 아내는 아직도 병이 완쾌되지 않아서 인도로 함께 올 수가 없었지만, 대신에 그와 함께 온 사람이 있었다. 바로 에이미의 어머니였다.

카마이클 부인은 인도에 와서 딸도 만나고 인도 사역도 직접 보려고 오래전부터 별러 오고 있었는데, 때마침 토마스 워커가 인도로 돌아간다는 소식을 듣고 동행하게 되었다. 영국 맨체스터에서 어머니와 눈물의 작별을 한 지 10년 만의 만남이었다. 두 사람은 서로 부둥켜안고 그간의 안부를 물으며 기쁨의 재회를 나누었다. 오랜만에 어머니를 만난 에이미의 기쁨은 이루 말할 수 없었다. 에이미의 남동생들과 여동생들이 세계 여러 나라에 이민 가서 살고 있다는 소식도 듣게 되었다. 에이미가 무엇보다 듣고 싶었던 것은 로버트 윌슨 씨의 소식이었다. 윌슨 씨는 건강이 계속 악화되어 거의 소생이 불가능한 상태라고 했다. 윌슨 씨의 소식을 듣자 에이미의 얼굴에는 금세 슬픔의 그림자가 드리웠다.

카마이클 부인은 도나버의 식구들과 즉시로 가까워져 이런저런 일들을 부지런히 도와주었다. 아이들은 카마이클 부인을 '아타'라고 불렀다. 타밀어로 할머니라는 뜻이었다. 카마이클 부인이 점심을 먹으려고 식당에 내려오면 그녀의 자리에 작은 꽃다발이 꽂혀 있기도 했고, 무더운 오후 시간에 성경을 읽으려고 앉아 있으면 아이들이 몰려들어 부인을 에워쌌다. 어머니가 옆에서 유효 적절한 충고를 해주는 것이 에이미에게는 큰 도움이었다. 그동안 에이미는 갓난아기들을 돌보는 일이 무척 서툴렀고, 특히 아기들이 아플 때는 어찌할 바를 몰라 당황하는 경우가 많았다. 더구나 도나버에는 의사도 없었다. 여태껏 에이미는 자신이 알고 있는 모든 의학 상식을 동원하여 아이들을 돌보았지만, 곤란한 경우에 부닥칠 때가 한두 번이 아니었다.

그러나 이제 카마이클 부인이 에이미와 함께했다. 이미 7명의 자녀를 손수 키워 본 카마이클 부인은 딸에게 여러 가지 귀중한 조언을 아끼지 않았다. 그것은 에이미에게 무엇보다 필요한 부분이었다.

그러던 어느 날, 그들이 열심히 노력했음에도, 2명의 아기가 아무것도 입에 대려 하지 않았다. 신전에서 구출되어 온 애매시스트와 그 이후에 왔던 아기가 갈수록 힘없이 늘어지고, 아무것도 먹으려 하지 않았다. 에이미와 카마이클 부인이 갖은 노력을 기울였지만, 소용이 없었다. 며칠 후 2명의 아기는 각각 숨을 거두고 말았다.

도나버 부지의 한쪽 땅을 가족 묘역으로 지정하여 아기들의 무덤을 만들던 날은, 모두에게 슬픔의 날이었다. 에이미는 그곳을 '하나님의 정원'이라고 불렀다. 에이미가 가족 묘역으로 지정한 곳은 방갈로와 야채밭 옆에 있는 조용한 장소였다. 죽은 2명의 아기를 그곳에 나란히 묻었다. 아기들의 무덤에는 비석도, 나무 십자가도 없었다. 타마린드 나무 그늘 밑의 아름다운 정원만이 조용히 그들의 무덤을 지켜 주었을 뿐이다.

튼튼하고 잘 웃던 사파이어는 이제 막 걸음마를 배우고 있었다. 사파이어는 다른 소녀들에게 제일 인기가 좋았다. 소녀들은 사파이어를 서로 안아 보려고 아우성이었고, 마당에 데리고 나가 걸음마를 시키며 함께 놀았다. 그러던 어느 날부터 사파이어가 울며 보채고 제대로 먹지 못했다. 카마이클 부인이 밤낮으로 사파이어를 간호했지만, 결국 1905년 1월 6일에 2명의 아기를 따라 숨을 거두고 말았다.

모든 식구가 사파이어의 죽음을 슬퍼했다. 3명의 아기가 하늘나라로 떠난 것이다. 에이미는 남은 아이들을 어떻게 위로해야 할지 몰랐다. 소녀들을 하나님의 정원으로 데리고 나가서 위로의 말을 찾던 에이미의 눈에 예쁜 백합 한 송이가 보였다. 에이미는 금련화와 메꽃이 피어 있는 길로 조용히 아이들을 데리고 걷다가 백합 앞에서 발을 멈추었다. 그러고는 아이들을 돌아보며 말했다. "만약 예수님이 이 정원에 오신다면 어떤 꽃을 드리고 싶니?"

아이들은 탐스럽게 피어 있는 백합 한 송이를 가리키며 말했다. "이 백합을 드리고 싶어요."

에이미는 조용히 미소를 머금으며 고개를 끄덕였다. "하나님은 우리에게 가장 아름다운 백합 세 송이를 달라고 하셨고, 그래서 우린 그것을 하나님께 드린 거란다."

도나버에서의 삶이 하루하루 바쁘게 이어지는 중에 에이미에게도 위로가 필요한 순간이 다가왔다. 그녀가 사랑하던 로버트 윌슨 씨가 1905년 6월 19일 세상을 떠난 것이다. 다행히 어머니가 옆에 있어 슬픔에 잠긴 에이미를 위로해 주었다. 윌슨 씨와의 영원한 이별을 애도한 후에 에이미는 또다시 도나버의 일상으로 돌아갔다. 다시 3명의 아기가 들어왔고, 보육원에는 아기들의 행복한 웃음소리가 퍼져 나갔다.

1년 반 동안 인도에 머물며 딸의 사역을 도와주던 카마이클 부인은 1906년 3월 영국으로 돌아갔다. 모두가 '아타'와의 이별을 아쉬워했다. 그러나 이별의 슬픔도 잠시, 도나버는 몰려드는 아기들로 눈코 뜰 새 없이 바빠졌다. 아기들의 울음소리와 웃음소리로 보육원은 생기가 넘쳤고, 하나님이 허락하신 사역은 하루가 다르게 확장되어 나갔다.

Chapter 16

알 수 없는 기쁨

1909년 5월 10일 새벽 3시, 에이미는 조용히 벵골보리수 옆에 앉아 있었다. 에이미의 모습은 나무 그늘에 가려 잘 보이지 않긴 했지만, 사실 에이미는 누구의 눈에도 띄고 싶지 않았다. 은은한 달빛이 길가를 비추고 있었다. 지금 에이미는 누군가를 기다리는 중이었다. 자신을 도와줄 누군가를….

사건의 시작은 두 달 전이었다. 어느 날 한 소녀와 여인이 에이미가 머물고 있는 방갈로의 계단을 올라오며 도와달라고 소리쳤다. 에이미는 그들을 의자에 앉히고 따끈한 차 한 잔을 대접하여 어찌 된 사연인지를 물었다. 열두 살의 '무탐말'이라는 그 소녀는 여인의 외동딸이었다. 무탐말의 아버지는 얼마 전 세상을 떠났고, 수천 루피에 달하는 땅을 포함하여 전 재산을 딸에게 남겼다. 그것이 문제의 발단이었다. 졸지에 무탐말은 부자가 되었고, 친가의 시기를 받게 되었다. 무탐말 아버지의 가족들은 유산을 넘기지 않으려 나섰는데, 그들이 찾아낸 방법은 무탐말을 친가의 친척과 결혼시키는 것이었다. 무탐말에게는 아버지의 먼 친척뻘 되는 한 늙은 노인이 있었다. 아내가 없는 그 노인이 바로 무탐말의 신랑감이었다. 자신의 딸을 할아버지뻘 되는 늙은이와 결혼시키려 한다는 얘기를 들은 무탐말의 어머니는 그대로 딸을 데리고 도나버로 도망쳐 와 버렸다.

 에이미는 두 사람을 안심시킨 뒤, 무탐말을 잘 돌보아 주겠다고 약속했다. 그 말을 듣자마자 무탐말의 어머니는 부리나케 집으로 돌아갔다. 어머니가 가고 난 뒤 그동안 조용히 입을 다물고 있던 무탐말이 입을 열었다. "어떤 일이 있어도 저를 돌려보내지 말아 주세요, 제발…." 무탐말은 에이미를 바라보며 애원했다. 에이미는 굳게 약속해 주고 싶었지만, 언젠가 재판소에서 도나버에 있는 아이들을 돌려보내라고 했던 사실을 떠올리며 "장담할 수는 없지만 최선을 다해 보겠다"라고 말하는 수밖에 없었다.

에이미의 불확실한 대답을 들은 무탐말은 안절부절못했다. 4년 전 무탐말은 도나버에 대해, 그리고 기독교 신이 기도를 들어준다는 얘기에 대해 들은 적이 있었다. "하지만 당신의 하나님은 기도를 들어준다고 들었어요. 저 같은 아이의 소원도 들어주지 않을까요?"

"그래, 함께 기도하면서 어떻게 해야 할지 보자꾸나"라고 에이미는 대꾸했다.

그런데 얼마 후 무탐말의 어머니가 어떤 사람인지 드러났다. 에이미를 만나 얘기할 때처럼, 딸을 사랑하고 염려하는 어머니가 아니었다. 그녀 역시 남편의 가족만큼이나 탐욕스러운 여인이었다. 어머니가 무탐말의 결혼을 막으려 했던 이유는 상대가 노인이었기 때문이 아니라, 단지 무탐말의 재산을 빼앗기지 않기 위해서였다.

아버지의 가족도 그렇지만 무탐말의 어머니 역시 딸을 이용하여 재산만을 가로채려고 하는 속셈이 혐오스럽기 그지없었다. 무탐말을 좋아하게 된 에이미는 그녀가 진정한 사랑과 돌봄을 받는 곳으로 가게 되기를 간절히 바랐다.

무탐말이 왔을 당시 토마스 워커는 도나버를 떠나 있었다. 얼마 후에 그가 돌아오자 에이미는 그에게 자세한 정황을 설명했다. 이야기를 듣고 난 토마스 워커는 불길한 예감에 휩

싸였다. 토마스 워커는 법적인 보호를 위해 그 지역의 판사를 찾아가 조언을 구해 보는 것이 좋겠다고 권했다. 다음 날 에이미는 판사를 찾아갔고, 판사는 에이미에게 즉시 무탐말을 어머니에게 돌려보내라고 말했다.

  에이미는 그 말에 따르고 싶지 않았지만, 법을 어기는 것 또한 올바른 태도가 아니었다. 그래도 에이미는 행여나 무탐말을 합법적으로 데리고 있을 길이 열릴지도 모른다는 희망에 하루를 더 지체하며 어머니에게 돌려보내지 않았다. 에이미는 이 문제를 해결해 달라고, 필요하면 기적이라도 일으켜 달라고 기도했다. 그러나 기적은 일어나지 않았고 다음 날 무탐말은 어머니에게 돌아가야만 했다.

  그 때문에 지금 에이미는 새벽 3시에 벵골보리수 나무 밑에 앉아 있는 것이었다. 고등 법원의 판사가 아침 일찍 그 길을 지날지 모른다는 소식을 들었기 때문이다. 정말로 새벽 4시가 되자 덜컹거리는 마차 소리가 들렸다. 에이미는 자리에서 일어나 길목에 서서 기다렸다. 마차가 가까이 다가오자 에이미는 길 중앙으로 나가서 마차를 세웠다. 마차 안에 타고 있던 영국인 관원은 새벽 4시에 흰 사리를 입은 백인 여인이 길 중앙에 서서 마차를 세우는 것을 보고 깜짝 놀랐다. 그는 마차를 세우게 한 후, 차를 마시고 가라는 에이미의 제의를 받아들여 마차에서 내렸다. 에이미와 함께 나란히 벵골 보리수 밑에 앉아 차와 샌드위치를 먹는 동안 에이미는 무탐말의 가족이 유산 때문에 싸우고 있으며, 그 때문에 무탐말만 힘들 수밖에 없는 이야기를 그에게 들려주었다.

그는 에이미의 말을 귀 기울여 들었다. 때로는 인상을 찌푸리고 고개까지 가로저으며 에이미의 말에 깊은 동정을 나타냈다. 그러나 그로서도 어쩔 도리가 없었다. 인도에서 행해지는 관습이나 법이 비록 이치에 맞지 않더라도, 영국인들은 인도의 종교의식이나 지방 관습에 참견할 수가 없었다.

에이미는 어쨌든 그에게 감사하다고 했고, 그는 다시 마차에 올라 가던 길을 갔다. 에이미는 찻잔과 컵 등을 다시 바구니에 집어넣고 도나버로 돌아왔다. 논길을 터벅터벅 걸어 졸고 있는 황소들을 지나치면서 에이미는 무슨 수를 써서든 해결책을 짜내려고 애썼다.

무탐말은 하나님을 순수하게 믿고 있었다. 지금의 곤란한 상황에서 그 아이의 믿음대로 그 아이를 구해 줄 어떤 일이 반드시 일어나리라고 에이미는 확신했다. 얼마 후, 에이미가 바란 대로는 아니지만 실제로 어떤 일이 일어나고 말았다. 무탐말이 아버지의 형제들에게 납치된 것이었다. 물론 그 사실에 단단히 화가 난 무탐말의 어머니는 곧바로 법정에 가서 자기 딸을 돌려 달라고 고소했다. 법정에서는 무탐말이 가족 중 누구에게 가야 할지를 판결할 때까지 무탐말이 도나버에 머물게 해주었다. 단, 조건이 있었다. 무탐말이 종교를 바꾸지 않은 채 힌두교인으로 남아 있어야 한다는 것, 즉 무탐말이 개종하여 세례를 받을 수 없다는 것이었고, 또 하나는 무탐말이 카스트를 어기는 행동을 해서는 안 된다는 것이었다.

두 번째 조건은 첫 번째 조건보다 사실상 지키기가 더 어려웠다. 무탐말은 상위 카스트에 속했기 때문에 낮은 계층의 사람이 요리한 음식은 먹을 수 없었고, 그들과 한자리에서 먹을 수도 없었다. 결국 무탐말은 홀로 작은 방에서 자신의 음식을 스스로 만들어 먹어야 했다.

무탐말은 에이미에게 도나버에 계속 머물게 해 달라고 애원했고, 에이미도 그렇게 하도록 허락했다. 그러나 누군가 무탐말이 결정한 사실을 대변해 줄 사람이 필요했다. 무탐말이 영구적으로 도나버에 살도록 정식으로 허락받을 방법을 찾아야 했다.

유능한 변호사를 구하면 좋았겠지만, 그러려면 비용이 많이 들었다. 에이미는 자신의 주머니 사정에 걸맞은 변호사를 한 명 구했다. 마드라스에 사는 기독교인 변호사가 무탐말의 소송을 무료로 맡아 주겠다고 한 것이었다! 에이미와 변호사는 무탐말의 판결이 지연된 사이, 후견인 신청 자료들을 제출했다. 도나버의 모든 식구는 무탐말을 무척 아끼고 사랑했다. 무탐말도 그곳에 잘 적응했고, 비록 세례를 받을 수 없었지만 마음속 깊이 하나님을 믿는 기독교인이 되었다.

계속 시일이 흘러갔다. 에이미는 가능한 한 무탐말을 언제나 자신 가까이에 두었다. 한순간이라도 경계를 게을리하면 언제라도 다시 무탐말이 납치될지 모르기 때문이었다. 만약 아버지의 가족이 몰래 찾아와 무탐말에게 결혼 예물을 걸어 주어 성혼이 성립되는 날이면 큰일이었다. 그렇게 되면 사실상 그 노인과 공식적인 결혼이 성립되기 때문이었다. 판결이 계속 시일을 끌어감에 따라 점점 일이 복잡하게 꼬여 갔다. 비용도 많이 들었으며, 에이미의 압박감도 커졌다. 속히 모든 일이 마무리되기를 바랄 뿐이었다.

에이미가 신경 쓸 문제는 무탐말의 판결만이 아니었다. 도나버 식구가 빠르게 증가하여, 이제 에이미는 백 명이 넘는 아이들의 암마가 되어 있었다. 일손이 모자라던 차에 프란시스 비스라는 호주 선교사가 도나버의 일원이 되었다. 도나버를 방문하는 사람들의 발길도 끊이지 않았다. 대부분 에이미가 쓴 《있는 그대로의 이야기》를 읽은 뒤, 그 사역을 직접 보려고 찾아온 이들이었다. 그중에는 프란시스의 여동생 메이블 비스도 있었다. 에이미는 언제나 방문객을 환영했다. 메이블도 예외가 아니어서, 도착하자마자 에이미의 청을 못 이기고 일을 거들어야 했다.

마침내 질질 끌던 소송이 막을 내렸다. 1911년 3월 27일, 최종 판결이 내려졌다. 그 전날 토마스 워커와 에이미는 최종 판결이 내려지는 팔람코타의 법정으로 출두했다. 에이미는 무탐말이 도나버에 머물 길을 열어 달라고 간절히 기도했다. 그때 무탐말은 도나버에서 폰남말과 함께 있었다. 만약 판사가 무탐말을 어머니나 아버지의 가족에게 돌려보내라고 판결하면, 에이미로서도 판결에 복종하는 수밖에 없었다. 법정에 들어서는 에이미의 머릿속에 이틀 전 무탐말과 함께 밤을 새우며 했던 얘기들이 떠올랐다. 에이미는 무탐말에게 용기를 북돋아 주려 했지만, 오히려 무탐말이 자신은 하나님을 전적으로 신뢰하고 있으며 모든 일이 잘될 것이라고 에이미를 격려했다.

판사가 판결문을 읽고 있는 법정 안은 땀이 줄줄 흘러내릴 정도로 무덥고 답답했다. 판사는 또박또박 정확한 목소리로 판결문을 읽었다. 마침내 한 시간이 지나자 에이미가 2년 동안이나 노심초사하며 우려하던 얘기가 들려왔다. 무탐말을 어머니에게 돌려보내야 하며, 무탐말의 어머니가 지불한 모든 소송 비용을 에이미가 부담해야 한다는 것이었다. 무탐말이 어머니에게 돌아가야 하는 날짜는 4월 4일이었다.

그것은 에이미의 처절한 패배를 알리는 소식이었지만, 어쩐지 에이미는 그렇게 느껴지지가 않았다. 갑자기 알 수 없는 기쁨이 에이미의 마음속 깊은 곳에서 솟구쳐 올랐고, 모든 일이 잘 풀리게 되리라는 예감이 들었다.

변호사는 즉시 에이미에게 판결에 항소하라고 제의했다. 에이미는 또 다른 법정에 서야 한다는 사실이 내키지 않았지만, 마드라스에 가서 변호사와 재차 상의하기로 했다.

에이미가 마드라스로 가기 하루 전, 먼저 도나버에 도착한 토마스 워커로부터 연락이 왔다. 그의 전갈은 마드라스에 갈 이유를 없애 버렸다. "목요일 아침, 집으로 돌아와 보니, 무탐말이 사라져 버렸습니다…."

순간 에이미는 정신이 아뜩해졌다. 도대체 어떻게 된 것일까? 무탐말이 다시 아버지의 가족에게 납치된 걸까? 벌써 결혼이 성사되어 버린 것일까? 아니면 무탐말이 도망이라도 쳤단 말인가? 도나버 식구 중 누군가가 그녀를 숨긴 것일까? 행여 다른 아이들에게 무슨 일이라도 일어난 것은 아닐까? 법정에서는 에이미가 무탐말을 빼돌려 어딘가에 숨겨 놓았다고 생각할지도 몰랐다. 그렇게 되면 판결 불복종의 죄로 에이미는 감옥에 가야 할 것이었다. 그러면 도나버 식구들의 운명도 마지막이었다. 에이미는 무탐말에게 무슨 일이 일어난 것인지 알아보기 위해 서둘러 도나버로 돌아왔다.

도나버의 모든 식구에게 차례로 물어보았지만, 무탐말의 행방을 아는 사람은 아무도 없었다. 폰남말에 의하면, 저녁에 무탐말이 잠자리에 든 것을 보았지만 다음 날 아침 식사 시간에는 보이지 않아 프란시스 비스가 그녀를 찾으러 가게 되었고, 무탐말의 방에는 그녀의 소지품만이 고스란히 남아 있었다. 침대 위에 이불이 그대로 있는 것을 보면, 무탐말이 밤에 잠이 든 것은 분명했다. 그러나 그 밖의 다른 사실은 도무지 알 수가 없었다. 도나버 식구들이 거짓말을 할 리도 없었지만, 무탐말이 그런 방식으로 혼자서 사라질 수도 없는 노릇이었다. 모든 것이 그저 수수께끼일 뿐이었다.

그 문제 말고도 에이미에게는 당면한 문제들이 산재했다. 무탐말이 없어진 사실 때문에 에이미는 인도인들의 공격 대상이 되었다. 사람들은 도나버 사역에 대해 공개적으로 항의하며 소동을 피웠다. 에이미는 다른 영국인 변호사를 찾아가 이 문제를 상의했다. 그는 에이미를 바라보며 다음과 같이 충고했다. "지금 당장 도나버에 있는 모든 아이를 데리고 어딘가에 숨으시오. 그렇지 않으면 그들을 모두 잃어버릴지도 몰라요. 지금의 급박한 상황에서는 하나님을 제외하고 그 누구도 당신들을 구할 수 없을 것이오."

그 말을 듣는 순간 에이미는 소름이 끼쳤다. 무탐말을 위해 법정에 나섰다가 이제 도나버의 식구들을 모두 잃을지 모르는 위험에 처했을 뿐 아니라 자신마저 감옥 신세를 질지도 몰랐다. 그러나 에이미는 법정에서 판결을 들으며 느꼈던 내면의 기쁨을 잊을 수가 없었다. 어쨌든 에이미에게는 하나님이 모든 일을 선하게 이끄시리라는 확신이 있었다. 여느 때와 마찬가지로 지금의 상황에서도 에이미는 하나님께 매달릴 수밖에 없었다. 설령 숨는다 해도, 영국인 여성이 백 명이나 되는 여자아이를 데리고 숨을 곳이 어디에 있단 말인가?

에이미는 무탐말이 어디에 있든 안전하게 지켜 달라고, 그리고 무탐말이 사라졌다는 이유로 법정에 고소당하는 일이 없게 해 달라고 간구했다. 다행히 더 이상의 소송은 없었다. 무탐말이 없어지자 그녀의 어머니도, 아버지의 가족도 모두 순순히 물러나 버렸다. 에이미는 그들이 유산을 놓고 싸우기에 바빠서 무탐말을 아예 뒷전으로 제쳐놓은 게 분명하다고 추측했다.

이제 에이미에게는 엄청난 소송 비용을 지불할 일이 남아 있었다. 무료로 소송을 맡아 준 에이미 측의 변호사와 달리,

무탐말의 어머니가 고용한 변호사는 거액의 수수료를 받는 사람이었다. 그러나 에이미에게는 그만 한 돈이 없었다. 이제 에이미가 당할 수 있는 최악의 일은 무탐말 어머니의 법정 비용을 지불하지 않은 것과 무탐말을 잃어버린 것에 대해 고소당하는 일뿐이었다.

그러나 그 아슬아슬한 순간, 놀랍게도 익명의 후원자가 에이미 앞으로 헌금을 보내 주었고 에이미는 모든 비용을 지불할 수 있게 되었다. 헌금의 금액은 마지막 한 푼까지 에이미에게 필요한 금액과 정확하게 들어맞았다. 에이미는 기뻤다. 모든 상황을 하나님이 지켜보신다는 것과 하나님의 손이 함께하신다는 사실을 확인했기 때문이다.

무탐말이 사라진 지 일곱 달이 흐른 1911년 10월, 에이미는 중국의 '광시'라는 지역의 소인이 찍힌 편지 한 통을 받았다. 에이미는 봉투를 뜯어 편지를 읽기 시작했다. 그것은 무탐말의 깔끔한 필체로 적힌, 믿을 수 없는 이야기였다. 무탐말이 편지에 쓴 내용에 의하면 재판관이 판결을 내리기 하루 전날, 무탐말은 평상시처럼 잠자리에 들었다고 한다. 그런데 한밤중에 프란시스의 여동생 메이블 비스가 무탐말을 깨우더니, 그녀를 자기의 방으로 데려가서 무슬림 남자아이의 복장을 입혔다고 한다. 그러고는 메이블이 그녀를 밖으로 데리고 나가 잠시 기다리라고 했다. 얼마 지나지 않아 누군가 덜컹거리며 나타나 달구지에 타라고 하자, 무탐말은 무슨 영문인지도 모른 채 무조건 달구지에 올랐다. 달구지를 몰고 온 사람은 부근에 사는 기독교인이었다. 그는 무탐말을 다른 기독교인에게 인계하고 사라졌다. 무탐말은 계속 몇 명의 기독교인들의 도움을 받아 가며 마침내 실론의 콜롬보에 도착했다고 한다. 그곳에서 한 영국 남자가 무탐말을 데리고 싱가포르의 말라야를 거쳐 홍콩으로 데리고 갔다. 그리고 그곳에서 다시 한 고물차를 타고 9백 킬로미터나 떨어진 광시성의 난닝이라는 곳에 도착했다. 난닝에서 무탐말은 클리프트라는 미국인 선교사 부부의 집에 인도를 받았고, 지금까지 안전하고 행복하게 살고 있다고 했다.

에이미는 편지를 내려놓고 미소를 지었다. 그녀가 안전하다는 소식에 안도의 기쁨이 솟아났다. 처음 보는 여자아이를 위해 자신의 시간과 비용을 들여 그 먼 곳까지 안전하게 데려다 준 모든 사람을 생각하며 에이미는 감격의 눈물을 흘렸다. 또한 믿음을 간직한 한 인도 소녀를 신실하게 지켜 주신 하나님께도 감사했다.

에이미는 그 편지를 들고 토마스 워커에게 갔다. 토마스는 그동안 법정 소송이 가져온 온갖 어려움을 함께 나눈 사람이었다. 그래서 제일 먼저 그에게 무탐말의 소식을 전하고 싶었던 것이다.

하지만 에이미가 토마스 워커를 의존하는 것도 그리 오래 가지는 않았다. 1912년 8월, 그는 마수리파탐에서 열린 몇 개의 모임에 참석하여 말씀을 전하고 있었다. 8월 24일, 에이미는 두 개의 전보를 받았다. 한 개는 배달이 지연되어 이틀 후에 도착했는데, 토마스 워커가 심하게 아프다고 했다. 그리고 또 한 전보에는 "요한계시록 22장 4절"이라는 성경구절이 적혀 있었다. 에이미는 성경을 꺼내 요한계시록을 펼치고 전보에 적힌 구절을 찾아 읽었다. "그의 종들이 그를 섬기며 그의 얼굴을 볼 터이요 그의 이름도 저희 이마에 있으리라." 에이미는 성경구절을 읽은 후에 오랫동안 잠잠히 앉아있었다. 그 성경말씀이 의미하는 바는 한 가지였다. 자신에게 타밀어를 가르쳐 주고, 별무리 전도대와 도나버 사역의 초기부터 지금까지 모든 어려움과 기쁨을 함께해 온 오랜 친구 토마스가 세상을 떠난 것이었다. 토마스의 나이는 쉰두 살이었고, 그의 사망 소식에 에이미는 큰 충격을 받았다. 불과 일주일 전에 건강한 모습으로 도나버를 떠났던 사람이 죽었다니 믿기지가 않았다. 나중에 에이미는 그가 독살되었다는 사실을 알게 되었다. 영국에서 병으로 신음하는 그의 아내에게도 에이미는 토마스의 슬픈 소식을 전해야 했다.

며칠 동안 에이미는 슬픔에서 헤어나지 못했다. 토마스 워커는 에이미에게 형제나 다름없는 사람이었다. 몇 주 후에는 또 다른 사람의 사망 소식을 접했다. 오티에 사는 홉우드 부인이었다. 지금까지 에이미에게 큰 격려와 사랑을 보내 준 이들이 가 버린 것이다. 그들의 도움 없이 이제 어떻게 모든 일을 처리해야 할까?

도나버에서 에이미와 함께 일하던 여인들은 한결같이 에이미를 걱정했다. 폰남말이 어느 날 에이미에게 말했다. "이런 일들을 어떻게 하나님의 선하신 일로 받아들여야 할지 모르겠군요."

에이미가 힘없는 목소리로 대꾸했다. "선하신 일이라고 받아들이기는 불가능하죠. 그러나 하나님은 눈에 보이는 상황이 아니라 믿음으로 걸어가라고 하셨죠. 믿음이 아니라면 토마스 워커가 죽은 사실을 어떻게 받아들일 수 있겠어요?"

에이미는 새로운 힘과 믿음을 달라고 기도했다. 토마스 워커가 죽은 지 며칠 만에 에이미와 함께 일할 두 명의 동역자가 새로 들어왔다. 비록 토마스의 자리를 메꾸지는 못해도 그들은 열심히 사역을 수행했다. 그들은 에디스와 아그네스 네쉬라는 자매였고, 인도에서 오랜 기간 사역했던 선교사들이었다. 토마스 워커의 사망 소식을 듣자마자 자신들의 사역 계획을 포기한 채 황급히 에이미를 도와주러 온 것이었다. 두 자매는 도나버의 사역에 꼭 합당한 사람들이었다. 아그네스 네쉬는 아이들을 위한 학교 운영을 담당하여 에이미의 큰 부담을 덜어 주었다.

아루라이의 사촌이자 복음을 들었다는 이유로 가족에게 맞았던 아룰 다산은 몇 년 동안 토마스 워커의 조력자로 일해 왔었다. 토마스가 죽은 후 아룰 다산은 자신이 필요한 일은 무엇이든지 돕겠다고 에이미에게 말했다. 에이미는 건물 관리에 대한 일을 그에게 맡겼다. 아룰 다산은 건물의 보수와 유지를 관리하고, 새로운 신축 건물을 구상했다. 이제 아이들의 숫자가 140명에 이르렀고 아이들이 계속 들어오고 있었기 때문에, 새로운 건물을 신축해야 할 필요가 있었다.

토마스 워커가 죽은 지 1년 후에 폰남말이 병에 걸리자 에이미는 그녀를 나게르코일로 데려가서 의사의 진찰을 받게 해 주었다. 진찰 결과 그녀가 암에 걸린 사실이 드러났고, 종양을 제거하기 위해 두 번의 수술을 받았다. 에이미는 폰남말이 수술을 받고 회복되기까지 두 달을 폰남말 곁에 머물렀다. 마침내 의사는 폰남말이 도나버로 돌아가도 좋을 정도로 회복되었다고 말했다.

도나버로 돌아온 직후 에이미는 더 슬픈 소식을 접했다. 1913년 7월 14일, 영국에 있는 어머니가 세상을 떠난 것이었다. 에이미는 어머니를 생각하며 애통해 했다. 그러나 늘 어나는 도나버 식구들 때문에 에이미의 슬픔도 잠시뿐, 그동안 일어났던 모든 슬픔을 잊어버리려는 듯 그녀는 다시 일에 파묻혔다. 그러나 또다시 먹구름이 찾아왔다. 폰남말의 암이 재발한 것이다. 결국 1915년 8월 26일, 폰남말은 조용히 숨을 거두고 '하나님의 정원'에 묻혔다.

에이미로서는 가장 힘겹고 고통스러운 시간이었다. 폰남말은 별무리 전도대 초기부터 에이미와 함께 일해 온 여인이었다. 볼일이 있어 도나버를 비울 때마다 그녀는 에이미 대신 모든 책임을 맡아 주었다. 토마스 워커만큼이나 의지해 왔던 사람이었는데, 이제 폰남말마저 에이미의 곁을 떠나고 말았다. 그러나 이번에도 에이미는 오직 믿음에 의지하여 폰남말의 죽음을 순순히 받아들일 뿐이었다.

힌두 신전과 온갖 기구한 처지에서 구출되어 온 수많은 아이의 행복한 미소를 보며 에이미는 지난날의 고통과 시름을 잊고 다시 사역에 매진했다.

가끔 에이미는 앞일을 예시하는 인상 깊은 꿈을 꿨다. 어느 날 그녀는 무탐말과 아룰 다산이 실론에서 결혼식을 올리는 꿈을 꾸었다. 잠을 깬 후에도 모든 장면이 선명하게 기억날 정도로 생생한 꿈이었다. 꿈에서 그들은 콜롬보의 '갈레 페이스'라는 이름의 교회에서 결혼식을 올리고 있었고, 식장에는 에이미나 클리프트 선교사가 없었다. 에이미는 한동안 그 꿈에 관한 이야기를 아무에게도 하지 않다가 어느 날 아루라이에게 그 얘기를 했다. 그러자 아루라이는 놀라는 대신에 조용히 미소를 지으며, "저는 아룰 다산과 무탐말이 결혼하게 해 달라고 1년 전부터 기도하고 있었어요"라고 말했다.

에이미는 아룰 다산에게 무탐말과 결혼하고 싶은 의사가 있는지 물어보았다. 그는 기쁘게 그렇다고 대답했다. 그래서 아룰 다산과 무탐말은 서로 편지를 주고받았고, 얼마 후 결혼을 약속한 사이가 되었다. 처음에는 아룰 다산이 중국으로 가서 결혼식을 올리려 했으나 당시 중국은 전쟁 중이었기 때문에 안전하지 못했다. 마침 클리프트 부부도 중국을 떠나 있었기에 무탐말이 실론으로 오는 것이 적절해 보였다. 그리하여 아룰 다산과 무탐말은 에이미가 꿈에 본 그대로 콜롬보의 갈레 페이스 교회에서, 에이미나 클리프트 부부가 없는 가운데 결혼식을 올렸다. 그리고 두 사람은 도나버로 돌아와 신혼집을 차리고 평생 도나버의 사역을 섬겼다. 물론 에이미는 오랜만에 만난 무탐말과 기쁨의 재회를 하게 되었다.

Chapter 17

여자아이가 아니에요!

한 대의 마차가 흔들거리며 도나버를 향해 달려왔다. 논에서 일하던 소녀들이 제일 먼저 발견하고는 에이미에게 달려가서 손님들이 오고 있다고 말했다. 마차가 방갈로 근처에 오자, 이미 여러 명의 사람이 그들을 맞이하려 나와 있었다. 이윽고 마차가 멈춰 섰고, 한 나이 많은 여인이 마차에서 내렸다. 그녀는 마차 안으로 손을 뻗어 천으로 꼭꼭 감싼 무엇을 두 팔로 꺼내, 에이미에게 건네주었다. 에이미는 그것을 들여다보았다. 조그마한 갓난아기가 에이미를 바라보며 미소를 짓고 있었다. 옆에 서서 지켜보던 메이블 와드라는 장기 사역자에게 아기를 넘겨준 뒤 에이미는 여인에게 집 안에 들어가 차를 마시자고 권했다.

몇 분 후 메이블 와드가 황급히 에이미에게 달려왔다. 그녀는 놀라서 휘둥그레진 눈으로 에이미를 보고는 방금 본 장면이 믿기지 않는다는 듯이 말했다. 아기의 기저귀를 갈아 채우려고 보니 그 아이가 여자아이가 아니라 사내아이라는 것이었다! 그 소식이 전해지자 도나버 식구들 가운데 일대 소동이 일어났다. 여자들만 있는 도나버에 남자아이를 받아 줄 수 있을까?

1918년 당시 인도에서 그것은 상당히 곤란한 문제였다. 에이미는 남자아이들을 받아들일 수 있기를 기도해 왔다. 마드라스의 신전에서 나이 어린 소년들을 보았을 때 너무도 애처로운 마음이 들었기 때문이다. 그 아이들은 어렸을 때부터 힌두 신들을 위해 신전에서 연극 공연을 하도록 훈련을 받았다. 그들의 미래 역시 신전의 여자아이들만큼이나 밝지 못했다. 그러나 여자아이들과 남자아이들을 한 장소에 머물게 한다는 것은 인도 사회에서 불가능한 일이었다. 남자아이들만의 장소가 필요했다. 인도 가정에서도 자녀를 키울 때면 남자아이들과 여자아이들을 절대로 한 방에서 키우지 않았다. 실제로 대부분 인도 집에는 남녀가 거하는 공간이 완전히 분리되어 있었고, 서로 마주치는 일도 별로 없었다. 물론 에이미는 그것이 옳지 않음을 알고 있었지만, 인도의 관습을 완전히 무시하는 것도 현명한 처사가 아니었다. 도나버 식구들은 힌두 풍습을 따라 돼지고기나 소고기를 먹지 않았다. 힌두교인과 무슬림들은 일정한 종류 외에 다른 고기를 일체 입에 대지 않는 엄격한 규율이 있었고, 에이미는 그런 풍습을 구태여 어길 필요는 없다고 생각했다. 더구나 기독교인이 아무 고기나 먹게 되면 믿지 않는 현지인들에게 나쁜 인상을 심어줄 것이 뻔했다.

그러나 여자아이들이 사는 구내에 남자아이가 있다는 사실은 훨씬 복잡한 문제였다. 마을 사람들의 감정을 자극하지 않으면서 남녀 아이들이 같은 교실에서 공부하고, 같은 식당에서 식사하도록 할 방법이 있을까? 그뿐 아니라 남자아이들을 돌보아 줄 남자 사역자도 필요했다. 그러나 현재로서는 아룰 다산 외에 남자 사역자가 없었다. 그는 훌륭한 기독교인이며 유능한 사역자였지만, 사역을 이끌 만한 지도자는 아니었다. 만약 남자아이를 함께 수용하면 주변에 사는 마을 사람들이 악감정을 품게 될 것이라는 경고도 들은 적이 있었다. 왜냐하면 모든 가정이 남자아이들만을 원하기 때문이었다. 인도에서는 아들만 귀할 뿐 딸은 별로 귀하게 여기지 않왔다. 처음으로 신전에서 탈출해 왔던 프리나처럼 지금 온 남자아기도 예기치 못하게 도나버에 오게 된 것이었다. 에이미는 주변의 인도인들이 뭐라고 비난하건 말건 지금이야말로 남자아이들을 받아들이라는 하나님의 인도하심이라고 확신했다.

다음 날인 1918년 1월 15일, 에이미는 보육원 옆의 공터를 거닐며 그곳이 남자아이들의 보육원 건물이 들어서기에 가장 적합한 곳이라고 생각했다. 그리고 만약 그것이 하나님의 뜻이라면 백 파운드의 헌금이 들어오게 해 달라고 기도했다.

그날 저녁 식사 시간에 에이미는 다른 사역자들에게 자신의 계획을 얘기했다. 다음 날 아침 우편물이 도착하자 과연 백 파운드의 헌금이 도착했는지를 보려고 모든 사역자의 관심이 우편물에 쏠렸다. 그러나 그런 금액의 수표는 없었다. 대신 한 명의 사역자가 에이미에게 와서 이렇게 말했다. "오늘 우편물에 헌금이 없었지만, 사실은 어제 도착했다고 봐야 합니다. 어제 제가 유산으로 받은 수표가 있었는데 정확히 백 파운드입니다. 하나님이 그 돈으로 남자아이들을 위한 보육원을 짓는 데 사용하라고 하셨습니다." 그리하여 새로운 보육원 건물이 건축에 들어갔다.

처음 온 남자아이의 이름은 아룰 다산의 이름을 따서 아룰이라고 지었다. 아이는 튼튼하고 밝게 자랐다. 조금 나이가 들자 아룰은 에이미의 무릎에 앉아서 자기가 도나버에 오게 된 이야기를 즐겨들었다. "너는 나의 첫아들이란다." 에이미는 항상 이렇게 이야기를 시작했고, 그럴 때마다 아룰의 작은 가슴은 자부심으로 부풀어 올랐다.

여러 가지 막중한 책임을 감당하면서도 에이미는 글쓰기를 쉬지 않았다. 매일 일기를 썼고, 자신의 글을 책으로 엮어 영국에서 출판하기도 했다. 대부분 에이미와 함께 일하는 사람들에 관한 이야기였다. 에이미는 두 개의 책을 썼다. 《틴너벨리의 워커의 생애》(*The Life of Walker of Tinnevelly*)와 《폰남말, 그녀의 이야기》(*Ponnammal, Her Story*)였다. 이 책들과 더불어 그녀가 세계 여러 나라로 보낸 기도 편지들이 에이미를 세계적으로 유명한 인사로 만들었지만, 정작 에이미는 그 사실을 알지 못했다. 왜냐하면 기껏해야 마드라스를 여행하는 것 말고는 도나버 지역을 벗어나지 않았기 때문이다.

1919년, 쉰두 살이 된 에이미는 마드라스의 영국 총독이었던 펜트랜드 경으로부터 전보 한 장을 받게 되었다. 그것은 좋은 소식이었다. 에이미가 인도 사람들을 위해 봉사한 것에 대하여 공로패를 시상한다는 것이었다. 그런 공로패를 받게 되면 기뻐하는 것이 당연하겠지만 에이미는 아니었다. 자신의 사역이 그렇게 널리 알려졌다는 사실에 놀라고 당혹해했다. 그 전보를 읽자마자 에이미는 상을 받지 않겠다고 거절했다. 하나님의 일을 했을 뿐인데 왜 그 일로 상을 받아야 하느냐고 반문하면서, 백여 명 이상의 아이에게 사랑을 받는 것이 충분한 보상이라고 말했다.

인도 아이들의 상황을 사회에 인식시키기 위해서라도 상을 받아야 한다는 주위 사람들의 간곡한 설득 덕분에 간신히 동의하긴 했지만, 에이미는 마드라스에서 열리는 시상식에는 절대로 가지 않겠다고 우겼다. 누구도 에이미의 고집을 꺾을 수는 없었다. 에이미로서는 시상식에서 사진을 찍는 것이나 사람들의 이목이 자신에게 집중되는 것이 무엇보다 싫었다. 게다가 아이들을 키우는 입장에서 단 하루라도 아이들 곁을 떠나고 싶지 않았다. 영국의 국왕을 대신하여 마드라스 총독으로부터 공로패를 받는다고 해도, 그것은 아이들을 돌보는 일에 비하면 그리 중요한 일이 아니었다.

아룰이 도나버에 온 지 6개월 후에 또 다른 사내아이가 들어왔다. 그리고 점차 아이들이 늘어났다. 아룰 다산이나 여자 사역자들만으로는 남자아이들을 돌보는 데에 어려움이 많았다. 그래서 에이미는 남자 사역자들이 오기를 기도했다. 그러나 아이들만이 계속해서 들어왔다. 8년이 지난 1926년에는 갓난아기부터 열네 살에 이르는 남자아이들의 숫자만 무려 80명에 이르렀다. 그리고 마침내 고프레드 웹페로라는 사역자가 와서 남자아이들의 사역을 책임지게 되었다.

얼마 후에는 고프레드의 형, 머레이 웹페로 박사가 도나버를 방문했다. 그는 중국 내지 선교회를 통해 중국으로 파송된 의사였다. 그가 상하이에 도착했을 때, 중국이 정치적 격동기에 휩싸여 정세가 매우 불안정하므로 외국인들은 중국 내지로 들어갈 수 없다는 통보를 받았다. 할 수 없이 머레이 웹페로 박사는 상하이에서 몇 달을 머물다가 인도에 가서 동생의 사역을 도와주기로 했고, 마침내 1927년 5월에 도나버로 오게 되었다. 그는 도나버 식구들을 위한 사역에 동참하기로 결정했다. 머레이와 고프레드 형제가 전반적인 도나버 운영의 책임을 맡아 줌으로, 예순의 에이미는 큰 짐을 덜게 되었다.

머레이 박사는 진흙으로 지어진 작은 오두막에서 진료를 했는데 그곳의 이름을 '건강의 문'이라는 뜻의 '수하 바살'이라고 불렀다. 그러나 그 오두막은 너무 공간이 협소해서, 실제로 문 하나를 끼워 넣기도 어려울 정도였다. 그리하여 머레이 박사와 에이미는 적절한 병원 건물을 짓게 해 달라고 기도하기 시작했다.

도나버 식구들에게는 무엇보다 병원 건립이 시급했다. 우선 아이들이 점점 늘고 있었기 때문에 의료 시설이 절대적으로 필요했고, 그 지역에 병원이 하나도 없었기 때문이다. 도나버에 병원이 생기면, 아이들은 물론 인근 마을 사람들까지 와서 의료 혜택을 받을 수 있을 것이었다.

또한 병원이 생기면 도나버에서 자라난 아이들이 기술을 배울 기회도 얻을 수 있었다. 그것은 대단히 중요한 문제였다. 도나버의 아이들은 대부분 가족에게 쫓겨나거나 버려진 아이들이었다. 인도의 여자아이들은 보통 열네 살의 나이에 결혼을 하게 되는데, 에이미는 도나버에서 자란 아이들이 그런 식으로 결혼하는 것을 원치 않았다. 따라서 도나버에는 나이가 들었어도 미혼인 여자아이가 많았다. 또한 남자아이들은 카스트 제도에 따라 일정한 나이가 되면 자신의 카스트에 맞는 직업을 갖게 되었다. 그러나 에이미는 카스트 제도와 무관하게 아이들을 동등하게 대우했으므로, 아이들이 외부에 나가 유용하게 쓰일 수 있는 직업 기술을 배우기란 어려웠다. 그러나 병원이 생기면 다양한 일거리가 생기기 때문에, 그러한 문제들을 한꺼번에 해결해 줄 수 있을 것이었다. 약을 조제하는 조제사가 되거나 실험실에서 일해도 되고, 그 외 회계, 간호사, 심지어 의사가 될 수도 있을 것이었다.

에이미는 좋은 시설이 갖추어진 대규모의 병원을 머릿속에 계획하고 있었다. 그 병원은 수술실과 분만실, 입원실, 예배실까지 갖출 것이다. 그리고 병원 외부에는 화로가 있는 작은 개별 조리실들을 나란히 지을 생각이었다. 조리실은 절대적으로 필요한 시설이었다. 이는 병원에 입원한 환자의 가족이나 친척이 따로 요리를 할 수 있는 시설이었다. 카스트 제도에서는 자신보다 낮은 계층의 사람들이 만든 음식을 먹을 수 없었다. 그래서 낮은 계층의 사람들이 보이지 않는 개별적인 공간에서 따로 음식을 만들어 먹어야 했다. 에이미는 카스트 제도를 반대하는 사람이었지만, 만약 조리실을 따로 만들어 놓지 않으면 환자를 병원에 데려올 사람이 아무도 없을 것임이 분명했다.

물론 그러한 병원을 짓는 데는 막대한 예산이 필요했다. 거의 만 파운드가 넘게 필요했다. 그러나 에이미는 여느 때처럼 누구에게도 헌금을 요구하지 않았다. 도나버의 사역자들에게도 하나님이 병원을 세우기 원하시면 반드시 필요한 돈을 보내 주실 것이라고 재차 말했다. 병원 신축에 대한 계획만을 세워 둔 채 도나버의 사역자들은 기도하며 기다렸다. 그러는 중에 헌금이 들어왔지만, 그 돈은 병원을 위한 헌금이 아니라 기도실을 지으라는 돈이었다. 인근 마을에 사는 한 나이 많은 목수가 '기도의 집'을 지어 달라며 헌금을 해 온 것이었다. 그것은 무려 그의 두 달 치 수입이었다. 목수는 "타밀 나두 같은 작은 마을에도 힌두 신을 위한 신전이 세워져 있는데, 하물며 살아 계신 하나님의 집이 도나버에 하나도 없다는 사실은 정말 안타까운 일입니다"라고 에이미에게 말했다.

에이미는 왜 기도의 집이 병원보다 먼저 지어져야 하는지 의문이었다. 그 문제를 놓고 기도하던 어느 날 에이미는 기도의 집을 짓고 나면 하나님이 병원을 지을 돈도 주실 것이라는 확신이 들었다. 에이미는 저녁 식사 시간에 모든 사역자에게 그 사실을 얘기했다. 기도의 집을 완성하고 나면 반드시 병원을 짓게 되리라고 했다. 그렇게 결정하기가 무섭게 기도의 집을 위한 헌금이 속속 들어오기 시작했다. 큰 금액을 헌금한 사람도 있었지만, 대부분 사람이 적은 액수를 성의껏 바쳤다.

그리고 도나버의 아이들까지 기도의 집을 짓는 일에 동참했다. 아이들은 에이미에게 최대한 노력하여 돈을 절약하기로 했다며, 자신들의 결심을 손수 적은 쪽지를 그녀에게 보여 주었다.

> 우리는 비누를 아껴 쓰고, 비누가 물속에 풀어져서 낭비되지 않도록 하며, 먹던 음식을 새나 개에게 주지 않고, 우유를 엎지르지 않도록 조심할 것이다.

마침내 1927년 11월, 기도의 집이 완공되었다. 이제 도나버 식구들에게는 기도하고 예배드릴 수 있는 그들만의 공간이 생겼다. 에이미는 기도의 집에서 예배드릴 때에도 아이들을 먼저 배려해서, 예배를 30분 정도만 드렸다. 아이들이 오랜 시간 집중할 수 없기 때문이었다. 그리고 에이미는 키 작은 아이들부터 일렬로 바닥에 앉게 했다. 에이미는 예배 시간에는 아이들이 얘기를 하지 못하게 했지만, 찬양을 부를 때에는 마음껏 목청을 높여 노래하게 했다. 에이미는 작은 아이들에게 깃발을 하나씩 주어 찬양 시간에 흔들게 했다. 그리고 약간 큰 아이들에게는 북이나 마라카스(maracas, 라틴 아메리카 음악에서 쓰는 리듬 악기 - 편집자 주)를 주어 장단을 맞추게 했다.

기도의 집이 완공되자 에이미는 지금이야말로 병원을 짓기 시작할 때라고 느꼈다. 물론 우선적으로 해야 할 일은 필요한 돈을 하나님이 보내 주실 때까지 기다리는 일이었다.

그러나 오래 기다릴 필요는 없었다. 1928년 6월 28일, 천 파운드짜리 수표가 누군가의 편지와 함께 도착했다. 그것은 필요한 총액의 십 분의 일에 해당하는 금액이었다. 그 후 기도의 집을 지을 때처럼 적은 금액을 헌금하는 정성 어린 손길이 이어졌다. 아이들도 병원 기금을 마련하는 데 동참했다. 아이들은 마고사 나무 열매를 병에 담아 반 루피씩 받고 팔았다. 마고사 열매는 으깨어 기름을 짜서 요리에 사용하는 열매다.

드디어 병원 건물이 완공되었고, 의료 사역이 활발히 진행되었다. 진료를 받으려는 사람들이 수 킬로미터나 떨어진 마을에서부터 몰려왔다. 그리고 자신들을 정성스레 돌보는 기독교인들의 모습을 보고 깊은 감동을 받았다. 도나버 식구들은 모두 한마음으로 병원 일에 참여했다. 어린아이들은 밤에 램프를 들고서 조용히 찬양을 부르며 병원 주변을 돌기도 했다. 잠 못 이루던 환자들이 아이들의 고운 찬양 소리를 듣고 잠을 청할 수 있었기 때문이다.

에이미는 쉴새 없이 일했다. 판나이빌라이에서 소수의 사람으로 시작했던 사역이 오늘날 이토록 성장했다는 사실이 놀라웠다. 하지만 이렇게 사역해 왔음에도 인도에는 여전히 상상도 못할 일들이 산재해 있었다.

Chapter 18

암마

1931년 9월, 차에서 내린 에이미는 사리를 바짝 여몄다. 한 줄기 세찬 바람이 에이미의 얼굴을 스치고 지나갔다. 에이미는 고개를 들어 하늘을 쳐다보고는 빨리 서둘러야겠다고 생각했다. 벌써 날이 어두워지고 있었다. 에이미와 몇 명의 여인이 도나버에서 약간 떨어진 칼라카다 마을까지 온 이유는 진료소로 개조할 건물을 살펴보기 위해서였다.

후원금은 줄어들고 있었다. 하지만 여전히 에이미는 인근 마을들을 돕는 일에 관심을 기울이고 있었다. 그래서 칼라카다 마을까지 온 것이었다. 도나버의 여성 사역자 두 명은 지난 5년 동안 그 마을에 진료소가 세워지기를 희망하고 있었는데, 이제 적당한 집을 발견하게 되었다. 그 마을에서는 어느 누구도 기독교인들에게 집을 세 주려 하지 않았지만, 두 여인이 어느 비어 있는 집을 발견하여 주인을 집요하게 설득한 결과 드디어 성공을 거두게 되었다. 그 집은 귀신이 나온다는 흉가로 알려져 3년 동안이나 사람이 살지 않고 방치된 집이었다. 그래서 어차피 아무도 들어오지 않을 바에야 기독교인에게라도 세를 주기로 결정한 것이었다.

일주일에 한 번씩 에이미는 차를 타고 칼라카다에 와서 그 집이 수리되는 과정을 지켜보았다. 세부적인 설비 하나하나 진료소의 쓰임새에 맞게 지어지도록 신경 썼다. 마침 집주인이 없었으므로, 그들은 집에 들어가 안을 살펴보기로 했다.

마지막 남은 석양빛마저 서산 너머로 사라지고, 주위에는 짙은 땅거미가 드리워져 있었다. 여인들은 집 안으로 들어섰다. 에이미는 새로 만든 옷장과 선반들을 꼼꼼하게 살펴보았다. 그것들은 꽤나 솜씨 좋게 만들어져 있었다. 이번에는 마당이 얼마만큼이나 손질되어 있는지 보려고 밖으로 발길을 돌렸다. 그 순간, 에이미는 앞에 파인 구멍을 보지 못하고 헛발을 딛고 말았다. 에이미는 몸의 균형을 잃고 앞으로 넘어졌다. 뭔가 툭 하고 절단되는 소리가 들리더니 오른쪽 다리에 극심한 통증이 느껴졌다. 에이미는 아파서 어쩔 줄 모른 채 바닥에 쓰러졌다. 다른 여인들이 쓰러진 에이미를 도우러 황급히 다가왔다. 그들이 에이미를 안고 안정을 시키는 동안 한 명이 도나버로 차를 몰고 갔다. 이윽고 누군가 부리나케 트럭을 몰고 달려왔다. 들것에 실려 트럭 뒤에 탄 에이미는 도나버의 병원으로 가서 메이라는 여의사의 진찰을 받았다. 진찰을 한 후에 의사는 고개를 절레절레 흔들었다. 다리가 부러지고 발목을 심하게 다친 중상을 당한 것이었다! 빨리 큰 병원으로 옮겨 정형외과 전문의의 치료를 받아야 했다. 메이 박사는 일단 진통을 가라앉히기 위해 진통제를 한 대 주사하고, 에이미와 함께 트럭을 타고 정형외과 전문의가 있는 네이요라는 지역의 병원으로 갔다.

전문의는 에이미의 다리에 깁스를 하고 발목을 붕대로 감아 주었다. 며칠 동안 병원에 입원한 후에 에이미는 도나버로 돌아왔다. 몇 주가 지나자 에이미의 다리가 많이 나아져서, 방 앞에 있는 베란다까지 걸어나갈 수 있을 정도가 되었다. 부은 발목도 가라앉고 다시 신발을 신을 수 있게 되었지만, 여전히 불편한 부분이 있었다. 등의 통증이 아무리 해도 가시지 않는 것이었다. 다리는 나았지만, 등의 통증은 오히려 더 심해졌다. 메이 박사와 웹페로 박사는 에이미의 상태가 걱정되기 시작했다. 무엇이 잘못된 것일까? 시간이 지나면서 진상이 밝혀졌다. 넘어지면서 척추 부분에 심한 손상을 입은 것이다! 결국 에이미는 허리를 펴지 못하는 불구의 몸이 되고 말았다. 비록 다리는 나았지만 에이미는 그 후 20년 동안 거의 침대에 누워 지내야 하는 신세가 되고 말았다.

에이미가 척추를 다쳤다는 사실은 뒤늦게야 밝혀졌는데, 그나마 다행이었다. 불구의 몸으로 누워 생활하는 것에 어느 정도 익숙해져 있었기 때문이다. 그전까지만 해도 에이미는 누구보다 활기차고 열심히 일하던 사람이었다. 그래서 새로운 생활에 적응하기란 여간 어려운 일이 아니었다.

에이미는 자신의 침실을 '평강의 방'이라고 불렀다. 방 사면의 책장에는 그동안 친구들이 보내 준 좋은 책들이 가득 꽂혀 있었다. 전에는 너무 바빠서 그 책들을 읽을 여유가 없었지만, 이제는 달랐다. 방 옆의 베란다에는 커다란 새장을 만들어 카나리아와 다른 새들을 넣어 두었는데, 에이미는 아예 새들을 방에다 풀어놓고 마음껏 날아다니게 해주었다. 새들이 날아다니면서 온 방을 엉망으로 만들어 놓았지만, 손에 놓인 모이를 고개 숙여 쪼아 먹는 모습과 어깨와 침대에 살포시 내려앉는 모습은 에이미에게 기쁨을 안겨다 주었다. 사람들은 에이미의 방 창문에서 내려다보이는 정원에 많은 신경을 써서 아름답게 가꾸어 놓았다. 부겐빌레아, 재스민 등으로 베란다 기둥을 예쁘게 장식했다.

사람들이 친절히 대해 주고 주변 환경이 늘 좋았음에도, 에이미는 마음이 불편했다. 자신이 사람들에게 짐이 되는 것 같았기 때문이다. 오래전 영국의 벨파스트에서 남동생과 함께 나이 든 노파의 나뭇짐을 대신 날라 준 이후, 에이미는 언제나 남을 돕고 섬기는 삶을 살아왔다. 그런데 이제 에이미는 종일 다른 사람의 도움을 받아야 할 처지가 되고 말았다. 에이미로서는 가장 적응하기 어려운 일이었다. 사람들이 자신의 사진을 찍는 것도 싫었다. 에이미는 자신에 관한 이야기도 마치 다른 사람의 이야기인 것처럼 써서, 사람들이 자신에게 집중하지 않도록 노력했다. 그러나 이제 모든 사람이 에이미에게 도움이 필요하다는 사실을 알고 있었다. 매우 오랫동안 다른 사람만을 위해 살아온 에이미는 자신에게 신경을 써야 한다는 사실조차 익숙지 못했다. 심지어 의사에게 자신의 증상을 설명하는 것도 힘들어했다. 차라리 다른 사람에 대해서나 사역 이야기를 하는 게 더 하기 쉽고 편했다.

비록 몸이 불편해서 누워만 지내는 에이미였지만, 그녀가 할 일은 여전히 많았다. 에이미는 글을 통해 자신이 하고 싶은 이야기를 세상에 전하고 싶었다. 인도의 영적인 필요를 전 세계에 알리고 싶었다. 예전부터 에이미의 후원자들과 친구들은 도나버 사역에 얽힌 이야기를 책으로 쓰라고 권해 왔다. 그리하여 침상에서 에이미는 도나버 사람들과 사역에 관한 이야기를 쓰기 시작했고, 거기에 《황금의 띠》(Gold Cord)라는 제목을 붙였다. 그것은 단지 시작에 불과했다. 해마다 에이미의 펜 끝에서는 찬양과 편지, 시들이 흘러나왔다. 그리고 무려 13권의 책을 저술했다.

에이미가 쓴 책 중에는 특별한 동역자인 아루라이에 대한 이야기도 있었다. 그 책의 제목은 《묻혀 있는 보물》(Ploughed Under)이었고, 33년 전에 아루라이가 에이미의 집 문 앞에 나타난 이야기로 시작되었다. 에이미가 넘어져 다리를 다쳤을 때 아루라이는 마흔아홉 살이었다. 모든 사람이 이제 도나버 사역의 책임을 맡을 사람은 아루라이라고 짐작하고 있었다. 그러나 사람들의 짐작은 빗나갔다. 에이미가 다치고 얼마 후 아루라이는 천연두에 걸렸다. 회복은 되었지만 완쾌된 것은 아니었다. 가끔은 기력이 없어서 며칠씩이나 에이미 옆의 침상에 누워 있었고, 두 사람은 성경말씀이나 기도 제목을 서로 주고받았다. 그 후 3년 동안 아루라이는 건강 때문에 고생하다가 마침내 1939년 5월, 마지막 숨을 거두었다. 아루라이 역시 먼저 하늘나라로 간 아이들과 함께 하나님의 정원에 묻혔다. 아이들이 아루라이의 무덤 앞에서 부르는 아름다운 찬양 소리가 평강의 방에 누워 있는 에이미의 귓가에 울려 퍼졌다. 에이미는 슬픔으로 가슴이 메어졌다.

침상에 누워 지내면서 에이미는 특별히 두 나라를 위해 간절히 기도했다. 한 나라는 영국이었다. 1939년 영국의 수상이었던 윈스턴 처칠이 히틀러가 통치하는 독일과 일본에 대항하여 전쟁을 선포했다는 소식이 인도로 전해졌다. 도나버에는 독일인 선교사들이 있었기 때문에 그것은 도나버 식구들에게도 중요한 문제였다.

제2차 대전이 한창이던 1942년에는 일본이 싱가포르를 점령하고, 이어서 인도를 침공할 태세를 취했다. 일본이 공격할 것에 대비해 도나버 식구들도 산으로 대피할 계획을 세워 놓았지만, 다행히도 그런 일은 일어나지 않았다. 제1차 세계대전 때와 마찬가지로 제2차 세계대전으로 말미암아 도나버 식구들에게는 경제적인 타격이 가해졌다. 밀가루나 쌀 같은 기본적인 식량 가격이 전쟁 전보다 무려 9배나 올랐다. 게다가 영국에서 오는 우편물이 중간에 분실되는 경우가 많아서, 에이미에게 보내진 많은 수표가 도중에 사라져 버렸다. 전쟁이 가져온 어려움을 극복할 수 있도록 에이미는 평강의 방에서 도나버 식구들을 위해 쉬지 않고 기도했다.

에이미가 기도하는 또 하나의 나라는 에이미가 그토록 사랑하고 생애의 대부분을 보낸 나라, 인도였다. 마하트마 간디는 1947년까지 인도의 독립 투쟁을 이끌었다. 에이미보다 두 살 많은 간디는 인도의 정신적 지도자였고, 두 사람 모두 인도를 위한 불타는 열정을 가진 사람들이었다. 간디는 카스트 제도를 타파하고 여인들을 교육시키는 일에 앞장섰다. 간디는 정치적으로 사회 변혁을 추구한 사람이었고, 에이미는 하나님의 사랑과 능력으로 인도인들의 정신과 생활이 변화되기를 추구한 사람이었다.

인도는 결국 영국의 지배에서 벗어나 독립하는 데 성공했으나, 곧이어 온 나라가 분열되기 시작했다. 북쪽에 사는 무슬림들이 힌두교도와는 별도로 자신만의 자치독립국을 세우겠다고 주장했다. 그리하여 무슬림들은 인도에서부터 분할되어 파키스탄이라는 나라를 세웠다. 불안정한 정세 속에서 에이미는 인도를 위한 기도를 쉬지 않았다. '평강의 방'은 주위 모든 사람이 격려와 지혜, 사랑을 발견하는 장소였다.

에이미는 도나버 아이들이 그곳에 들어온 날짜를 정확하게 기억하려 애썼다. 그러면서 한 명, 한 명에게 축하 인사를 건네는 것을 잊지 않았다. 에이미가 그렇게 모든 사람에게 신경을 쓰듯, 도나버에서 일하는 사역자들 또한 언제나 에이미를 격려하며 힘을 북돋아 주었다. 도나버의 사역 책임자들은 에이미의 방에 모여 정기적으로 모임을 가졌다. 비록 일어나 활동할 수는 없었지만, 에이미는 여전히 사역에 온 신경을 썼으며, 사람들은 모두 에이미를 사랑하며 돌보았다. 이는 에이미가 일본 아리마의 동굴에서 기도할 때 받았던 하나님의 말씀이 결코 거짓되지 않았음을 증명하는 것이었다. 그때 하나님은 에이미가 평생 독신으로 살겠지만 절대로 외롭지 않을 것이라고 약속하셨다. 과연 그 말대로 지난 50년 동안 에이미는 결코 외롭지 않았다. 에이미는 수백 명 아이의 어머니였고, 수많은 사람의 친구였다.

점차로 에이미는 기력이 쇠해지고, 잠자는 시간이 전보다 늘어나고 있었다. 옆에서 에이미를 돌보던 간호사는 에이미의 상태가 심상치 않음을 눈치챘다.

1951년 1월 18일 아침, 에이미는 더 이상 눈을 뜨지 않았다. 다시는 돌아올 수 없는 세상으로 떠난 것이다. 도나버의 아이들과 사역자들은 '사랑하는 암마'의 마지막 모습을 보려고, 까치발을 딛고서 에이미의 방을 들여다보았다.

이미 얼마 전에 에이미는 자신 또한 다른 사람들과 같이 하나님의 정원에 묻어 달라는 유언을 남겼었다. 관에 넣거나 무덤 앞에 비석도 세우지 말고, 앞서 간 다른 사람들과 마찬가지로 소박하게 묻어 달라고 부탁했다. 사람들은 에이미의 소원을 이루어 주기로 했다. 사리를 입은 에이미의 시신은 깨끗한 판자 위에 놓여졌고, 수백 명의 아이가 놓고 간 향기로운 꽃 속에 파묻혔다. 정오 즈음에 에이미의 시신은 마을의 교회로 옮겨졌다. 수많은 사람이 교회에 와서 에이미에게 마지막 존경을 표했다. 오래전부터 에이미를 잘 알고 있던 틴너벨리의 셀윈 주교가 장례식 예배를 인도하기 위해 서둘러 도나버로 달려와 주었다.

장례식이 끝난 후, 기도의 집 종탑에서는 에이미가 좋아하던 찬송가가 울려 퍼졌다. 에이미의 시신은 도나버 가족과 마지막 작별을 나누기 위해 평강의 집으로 옮겨졌다. 그녀가 '아들'이라고 부르던 도나버의 소년들이 에이미의 시신이 누워 있는 널빤지를 어깨에 메고 하나님의 정원으로 향했다. 여자아이들은 에이미가 지은 찬양을 한목소리로 합창했다.

아이들의 고운 노랫소리 속에서 에이미 윌슨 카마이클은 인도의 도나버, 타마린드 나무 밑에 안장되었다. 에이미는 자신의 무덤 앞에 아무 비석도 세우지 말라고 했지만, 도나버 식구들은 이것만은 그녀가 용납하리라고 믿으면서 수수한 돌비석을 세웠다. 돌비석 위에는 오직 한 마디의 비문만이 새겨져 있었다. "암마."

에이미 카마이클의 생애와 연혁

1867년 12월 16일, 아일랜드 북해안 밀리슬에서 장녀(4남 3녀)로 태어나다.

1885년 4월, 아버지가 폐렴으로 돌아가시다.

1888년 숄리들을 위한 사역을 시작하다.

1891년 1월, 선교사로 부르심 받다.

1892년 3월 3일, 일본으로 선교를 떠나다.

1894년 7월 28일, 건강 상의 이유로 일본을 떠나 콜롬보로 가다.

1895년 7월, 인도 남부에 선교사로 파송되다.

1897년 7월, 토마스 워커 부부와 함께 판나이빌라이에 정착하다.

1897년 별무리 전도대를 결성하여 전도여행을 다니기 시작하다.

1902년 힌두 아이들을 위한 도나버 공동체를 설립하다.

1927년 '기도의 집'을 건립하다.

1928년 아이들과 인도인들을 위한 병원을 세우다.

1931년 다리와 등뼈를 다쳐, 거동이 어려워지다.

1951년 1월 18일, 하나님의 품에 안기다.

에이미 카마이클

지은이 자넷 & 제프 벤지
옮긴이 안정임

2003년 8월 10일 1판 1쇄 펴냄
2009년 7월 30일 1판 6쇄 펴냄
2023년 1월 18일 개정판 2쇄 펴냄

펴낸곳 도서출판 예수전도단
출판 등록 1989년 2월 24일(제2-761호)
주소 서울특별시 관악구 신림로7나길 14
전화 02-6933-9981 · **팩스** 02-6933-9989
이메일 ywam_publishing@ywam.co.kr
홈페이지 www.ywampubl.com

ISBN 978-89-5536-398-2

책값은 뒤표지에 있습니다.
잘못된 책은 바꾸어 드립니다.